PAYBACK

回报

——让创新收益最大化

詹姆斯·P.安德鲁
〔美〕哈罗德·L.西尔金 著
以及约翰·巴特曼

焦银禾　王晓刚　肖东光　译

商务印书馆
2009年·北京

James P. Andrew, Harold L. Sirkin, with John Butman

PAYBACK

Reaping the Rewards of Innovation

Original work copyright © Harvard Business School Publishing Corporation.

Published by arrangement with Harvard Business School Press.

图书在版编目(CIP)数据

回报——让创新收益最大化/〔美〕安德鲁,〔美〕西尔金著;焦银禾,王晓刚,肖东光译.—北京:商务印书馆,2009
ISBN 978-7-100-05881-0

Ⅰ.回… Ⅱ.①安…②西…③焦…④王…⑤肖… Ⅲ.公司—企业管理—经济效果—研究 Ⅳ.F276.6

中国版本图书馆 CIP 数据核字(2008)第 086083 号

所有权利保留。
未经许可,不得以任何方式使用。

回　报
——让创新收益最大化
〔美〕詹姆斯·P.安德鲁　哈罗德·L.西尔金以及约翰·巴特曼　著
焦银禾　王晓刚　肖东光　译

商　务　印　书　馆　出　版
(北京王府井大街36号　邮政编码 100710)
商　务　印　书　馆　发　行
北京瑞古冠中印刷厂印刷
ISBN 978-7-100-05881-0

2009年8月第1版　　开本 700×1000　1/16
2009年8月北京第1次印刷　印张 14¾
定价:43.00元

商务印书馆—哈佛商学院出版公司经管图书
翻译出版咨询委员会

（以姓氏笔画为序）

方晓光　盖洛普（中国）咨询有限公司副董事长
王建铆　中欧国际工商学院案例研究中心主任
卢昌崇　东北财经大学工商管理学院院长
刘持金　泛太平洋管理研究中心董事长
李维安　南开大学商学院院长
陈国青　清华大学经管学院常务副院长
陈欣章　哈佛商学院出版公司国际部总经理
陈　儒　中银国际基金管理公司执行总裁
忻　榕　哈佛《商业评论》首任主编、总策划
赵曙明　南京大学商学院院长
涂　平　北京大学光华管理学院副院长
徐二明　中国人民大学商学院院长
徐子健　对外经济贸易大学副校长
David Goehring　哈佛商学院出版社社长

致中国读者

　　哈佛商学院经管图书简体中文版的出版使我十分高兴。2003年冬天,中国出版界朋友的到访,给我留下十分深刻的印象。当时,我们谈了许多,我向他们全面介绍了哈佛商学院和哈佛商学院出版公司,也安排他们去了我们的课堂。从与他们的交谈中,我了解到中国出版集团旗下的商务印书馆,是一个历史悠久、使命感很强的出版机构。后来,我从我的母亲那里了解到更多的情况。她告诉我,商务印书馆很有名,她在中学、大学里念过的书,大多都是由商务印书馆出版的。联想到与中国出版界朋友们的交流,我对商务印书馆产生了由衷的敬意,并为后来我们达成合作协议、成为战略合作伙伴而深感自豪。

　　哈佛商学院是一所具有高度使命感的商学院,以培养杰出商界领袖为宗旨。作为哈佛商学院的四大部门之一,哈佛商学院出版公司延续着哈佛商学院的使命,致力于改善管理实践。迄今,我们已出版了大量具有突破性管理理念的图书,我们的许多作者都是世界著名的职业经理人和学者,这些图书在美国乃至全球都已产生了重大影响。我相信这些优秀的管理图书,通过商务印书馆的翻译出版,也会服务于中国的职业经理人和中国的管理实践。

　　20多年前,我结束了学生生涯,离开哈佛商学院的校园走向社会。哈佛商学院的出版物给了我很多知识和力量，对我的职业生涯产生过许多重要影响。我希望中国的读者也喜欢这些图书，并将从中获取的知识运用于自己的职业发展和管理实践。过去哈佛商学院的出版物曾给了我许多帮助，今天，作为哈佛商学院出版公司的首席执行官，我有一种更强烈的使命感，即出版更多更好的读物，以服务于包括中国读者在内的职业经理人。

在这么短的时间内，翻译出版这一系列图书，不是一件容易的事情。我对所有参与这项翻译出版工作的商务印书馆的工作人员，以及我们的译者，表示诚挚的谢意。没有他们的努力，这一切都是不可能的。

哈佛商学院出版公司总裁兼首席执行官

万 季 美

虽然创新成为约翰迪尔公司的管理核心已经一个多世纪了，但是，《回报》中的真知灼见和实用概念，还是帮助我们更加快速直接地利用创新创造价值。

——约翰迪尔公司董事会主席和CEO　罗伯特·W.莱恩

寻找解决当今世界最棘手问题创新解决方案的非营利性组织，可以从《回报》一书中提到的概念和工具中受益。慈善基金会在决定是否给予救助或者支持新的方案时，可以关注其启动投资、速度、规模和支持费用等关系到公司回报的4S因素，并将从中受益匪浅。

——Google公司执行团队成员　琳达·塞格雷

如何将研究成果快速转变成能产生实实在在现金回报的新产品和服务？《回报》对这些尖锐的问题初步进行了再评估，并指出在公司中，销售和科研人员应如何相互支援。对于那些想让自己的创新行动更加有利可图的人来说，本书是十分有益的。

——哥伦比亚大学商学院教授、《新企业的起源与演进》一书作者　阿莫·彼海德和劳伦斯·D.格劳宾格

《回报》一书详述了公司要从创新中获得快速回报所应关注的重要因素。作者对于这些必需的重要因素，特别是如何领导一个创新的公司及其员工、如何在一个组织中营造创新的氛围提出了独特见解。

——西门子公司董事会成员、技术总部负责人
克劳斯·韦里奇

序言	i
第一章　总论	1
第一部分　创新的回报	**23**
第二章　资金和资金陷阱	25
第三章　创新的间接收益	51
第二部分　选择最佳创新模式	**77**
第四章　一体化创新	79
第五章　整合创新	103
第六章　特许经营	125
第三部分　为获取回报而进行协同和领导	**143**
第七章　协同	145
第八章　领导	175
后记　采取行动	195
致谢	201
注释	209
作者简介	219
译后记	221

序　言

本书旨在帮助经理们解决非常重要的问题：在他们的创新投资中，如何获得更好的收益。

我们曾经与世界各国各行各业的几百家公司合作过。在它们所从事的领域中，它们多数是专家，其中一些还是全球性的领先者。然而，我们认为在如何从创新投入中获得相应回报方面，它们之中只有一小部分达到或接近它们的潜能。其结果是，它们不能使股东的利益最大化，业绩增长不能如其所愿，或者不能对竞争压力作出高效的反应。

近十几年以来，许多公司主要通过并购、重组、因特网以及其他方法寻求公司的增长。而近几年来，这些公司倾向于以创新来实现这一目标。但是多数着眼于创新的公司并没有通过创新充分兑现这些承诺。其中一个原因就是创新并不像降低成本、并购重组、领域扩张那样容易界定范围和量化。其结果是，许多公司在创新上浪费了大量投入。如果它们能够将其收益提高10到20个百分点，那么在公司运营的各个方面将会产生巨大的差异。

一些管理人员曾经告诉我们，他们之所以没能成功创新，是

序言

因为他们的公司里没有足够多的好创意。但是在我们看来,好创意不是问题。在各个组织中,有成千上万的好创意,虽然其中一些还不被看作是创新。问题是公司如何把这些好想法转变成为回报。这些管理人员没有形成一种机制,通过这种机制,能将这些好的创意收集、筛选、应用起来,并将其商业化,最终获得回报,实现这些创意的价值。

我们认为在准备充分的情况下,如果能够始终如一地采取如下措施,任何公司都可以进行创新,并取得丰厚的收益。公司应当为其创新努力设定明确的目标,公司运营应当有章可循,应当为每个新的产品和服务选取理想的创新商业模式;公司应当围绕创新来整合组织机构;公司的领导机制应当能够鼓励员工,激发员工的才智、发挥员工的积极主动性,使其参与到公司的创新中去。

如果一个公司可以通过创新获得收益,那么这家公司就可以激发新的想法、产品、服务和管理机制,并使公司组织获得提升。相应地,这家公司可以刺激全球的经济增长,提高其雇员、消费者及世界各地人民日常生活的质量。通过发展全新的方法,解决人们密切关注的如能源、卫生保健、教育、贫穷问题,创新可以创造出新的市场,帮助经济适应环境的变化。

我们创作这本书,不但对于那些首次关注创新的人是有益的,对于那些已经有创新经验,但是对其收益还不太满意的人也是有帮助的。我们努力在理论与实践之间保持一种平衡。为此,本书提供了创新和具体创意的思维结构,及对其进行管理、实践的例子。对于这两个方面,我们运用大量来自世界各地各行各业公司的事例加以说明,并用这些公司领导者的见解与观点进行支持。

在过去的25年内,我们从我们工作的领域中学到了大量的知识。这使得我们有资格与一些优秀的改革实践者及一些杰出商业人士进行切磋和交流。在2003年,我们决定量化我们的经验,推动我们关于创新的观点与管理经验的首次年度大规模调查活动。在2006年,我们扩大了调查的范围,并且在数据分析与发布方面,进一步与《商业周刊》(Business Week)进行合作。波士顿咨询公司与《商业周刊》在"创新的高级管理研究"(Senior Management Survey on Innovation)上的精心合作,大大拓宽了我们知识面,丰富了本书的写作。

我们将长期经验与定性、定量研究结合起来,并将这种成果以分析和著述加以定型,进行阐明。通过这个成果,我们比以前更加深刻地认识到,创新远不仅仅是一个单独的产品、服务或者某方面的进步。创新是一个整体性的进程,是一个从个人到团体都参与其中的旅程,而公司回报是整个旅程的核心。

无论对单个公司来说,还是对于整个社会而言;有收益的创新都是十分重要的。因此作为公司领导者,你不能太过仓促地启动创新进程。

第一章 总论

几乎对于所有的公司而言,创新中的最大挑战不是缺少想法,而是对创新成功的管理。通过成功地管理创新,可以使公司在资金、时间、人员方面的投入产生相应的收益。许多公司在创新方面的尝试都没有产生相应的收益,没有产生足够的回报。

回报意味着获得资金收益。而这种资金回报应当在计划的时间框架内得以实现。当一家公司投资于创新,并创造出能快速、直接产生资金收益的新产品时,意味着这家公司已经找到了一种制胜的法宝。当这种收益超出期望时,情况更是如此。这时,这家公司已经胜券在握。不论这种新事物是一种产品、服务、程序变化,商业模式,消费者体验,还是其他任何新的事物,这种论点都是正确的。

对于各种创新来说,它们并不总是能产生资金回报;即便产生资金回报,也往往不会立竿见影,这是创新的特性。产生资金收益相对投资于创新来说,有时间上的滞后,而这种滞后使得公司及其管理者惴惴不安:资金回报也许根本不能实现。对于其他方式的投资,特别是投资到有形资产如工厂、机械或者新的卡车,公司经常可以很确定地计算出资金收益。但是,投资于创新,就像投资于广告和其他某些支出一样,其收益难以预测和估量。

第一章

对于一些复杂的情况，有时创新过程可以产生一些间接的资金回报。这种回报不是通过正在推进的特定产品和服务，而是通过另外的方法受益。这种回报会影响未来公司产生资金回报的能力。虽然难以获得，但是这种间接收益是实实在在的。这种间接收益有四种：

➢ **知识**：创新管理往往能学习到新知识。而其中的一些知识，常常可以在产生资金收益的多种途径发挥作用。

➢ **品牌**：创新能够提升企业的品牌，进而可以吸引更多的消费者，使得公司获得额外的利润，而这意味着扩大资金收益。

➢ **生态系统**：为了获得公司回报的收益，创新者能创造出对合作伙伴及合作组织而言强有力的生态系统。这种系统使得这些合作者能通过多种方式合作，平衡它们在合作中的地位。

➢ **组织**：人们多乐意为创新性的公司工作，并愿为之作出相应的贡献。同时，具有创新性的公司，能够吸引并留住许多优秀的员工，至少对于很多最具创新性的员工是这样的。拥有大量优秀的员工，并用少量的费用留住他们，这样有助于公司获得较高的资金回报。

对于管理者来说，创新中的主要挑战是获得相应的资金回报。而这些是基于管理者认为自己能够管理整个创新过程，并且认为公司能够快速直接获得回报。但是，实际上这种回报的产生却可能需要很长的时间，并且具有很大的不确定性，而且公司回报有时是间接通过其他的产品和服务而产生的。

为了获得回报，公司必须在创新的过程中，进行全盘、科学的管理。在投资多少、向哪里投资方面，公司必须认真地选择。在选择创新商业模式方面，公司必须十分精明。公司要作好充分的准备，整合和领导公司中的各个组织才可获取相应的回报。

公司管理者必须认识到,相对于其他商业战略而言,实行创新必须承担巨大的风险。创新过程存在三种风险:技术方面、操作方面和市场方面。如果新产品或服务存在技术方面的不足,如果公司不能将这种商品或服务商业化,或是将其投入实际生产,如果市场没有如期接纳这种商品或服务,那么公司将面临无法获得必要回报或是预期回报的风险。

许多公司试图通过建立严格的程序、严密的审批机制,来最大限度地规避多种风险。当然,管理中的控制是有其价值的,但是对于多数情况而言,试图使创新万无一失的做法,要么会使公司的管理程序僵化,要么会降低员工的能动性,其结果就是创新变成在细枝末节上的修修补补。然而,令人感到吃惊的是,有一些公司是乐于冒险的。这些公司太乐于冒险,并最终为此交了学费。公司应当学着去理解风险,学着如何分析和评估风险,如何管理控制风险。而且这些公司必须认识到,对于一个寻求快速增长的公司而言,从不冒险往往是最大的风险。

如果理解了上述的方法,公司在管理创新的过程中就能够创造出各种新的产品和服务(比如过程优化、消费者关注、新的商业模式或者是其他形式的创新)。这些新的产品和服务能够产生回报,并且有促进公司不断成长的能力。如果公司不能如上所述理解创新、管理创新,那么公司将会走上一条产品毫无特色,公司平淡无奇的道路。公司将没有竞争优势,相应地,利润也会不足。

许多公司并没有获得它们期望的回报。无论从我们工作领域的体验,还是从每年研究的成果来看,这都是十分明显的。我们每年的研究成果就是波士顿咨询公司和《商业周刊》进行的"创新的高级管理调查"。在2003年,波士顿咨询公司首次进行了这项调查。

此次调查于2006年4月完成。在这次调查中,1 070个管理者作出了回应,共回答了19个问题[1]。这些管理者来自63个国家,涵盖了各个

第一章

主要行业。简要的分析结果是:有48%的管理者对其创新投资的回报并不满意,并对此给出了一系列令人十分感兴趣的理由。下面是其中一些十分典型的理由:

> "我们高估了新产品所能产生的收益。"
> "我们没有建立起令人满意的执行机制。这种机制应考虑引导和保护金融因素。"
> "我们在同一时间做了太多事情,但是我们不能将这些事情都切实执行。"
> "我们没有将适当的人或适当的资源配置在适当的位置。"
> "我们进入市场的速度太慢。"
> "我们的销售力量主要集中在传统业务领域。"
> "高层管理者不愿意向新产品投资,因为这些产品风险太高。"
> "创新并不是董事会的特权。"
> "我们的思维模式有问题。"

所有以上这些问题,以及我们在这次调查中所收集的所有其他问题,都属于管理、能力、制度、思维模式、决策和领导力方面的问题。在调查中,很少有人提出他们在创新方面的问题是缺少想法。这是一种十分有意义的现象。因为近些年来,公司对创新想法的各种问题给予了大量的关注,包括产生创新想法的实用方法,创造的重要性,发明的角色定位。

> **创新想法的产生。**创新想法经历了产生、发展、检验、评估和优化的过程。但是在这个阶段,公司没有基于这些创新想法作出任何承诺,以产生出实实在在的新产品和新服务(或是采取其他行动)。本阶段的收获仅仅是一个想法。

➢ **商品化**。在这个阶段的开始,管理层允许将一个推荐的创新想法发展为一个无论是从外部或是从内部而言,可以生产和推向市场的样品。而当这种产品投放市场、面向顾客的时候,这个阶段就结束了。就这点而言,本阶段经历了技术、产品、服务或者是过程的优化。这些收获是实实在在的,但是还没有经过外部(或者是内部)市场的检验。发明仅仅是发明本身,而创新则是一个系统的过程。

➢ **收益兑现**。这个阶段以产品、服务投放市场开始,以这些产品、服务完成其产品生命周期结束。虽然在本阶段公司能够获得资金收益,但是早期几个阶段决定了公司回报大小和时间表等一些重要问题。

我们的调查显示,正像从我们合作过的海量公司中所发现的,在影响从创新中获得公司回报的诸多因素中,创新想法不是主要的问题。

创新者所要面对的主要挑战(同时也是本书主要关注的)是创新的商品化阶段。无论这个创新想法是关于一个新的产品、服务、商业模式、消费者体验或者任何其他新事物,这种挑战都是确定无疑的。正是在这个阶段,公司必须评估相应的可利用创新想法的回报潜力;公司必须判断对每个创新想法投资多少才恰当;公司必须选择用什么样的创新商业模式推动和生产新产品;公司必须判断如何组织公司的资源去创新,并获得回报;而公司的管理者必须找出领导这种实践创新的最佳方法。

本书分为三个部分,在本章的以下部分,将对主要观点进行如下概述:

1. **什么是回报?** 第二章、第三章阐述了能直接影响资金回报的 4S 要素,以及创新对产生资金收益的间接益处。

第一章

2. **选择最佳的模式**。第四到第六章探讨了一体化创新管理、创新整合管理、许可经营创新管理三种创新管理模式的特征、优点和管理难题,以及这三种模式如何影响创新的回报。

3. **为获回报而进行协调和领导**。第七章和第八章讨论了围绕创新如何组织公司的所有关键要素,以及为了从创新中获得最大的回报,公司领导力方面所需要的基本要素。

资金的特点

正如我们所说的那样,在创新过程中,资金的确是最重要的因素。以下四种要素对资金回报有直接影响:

> 启动费用,或者前期投入
> 速度,或者进入市场所用的时间
> 规模,或者达到一定销售规模所用的时间
> 支持费用,或者后期投入,包括各种费用和连续的投入

4S 要素可以在资金曲线中直观地表达出来,如图 1-1 所示。这个曲线图解了整个时间段上的累计资金流。曲线使得管理方面的挑战和设想清晰化,而管理者在看到年度现金流和年度预算时,往往会忽视这些。净现值、各种决策评估以及多种方案分析是有用的(也是有价值的),但是通过对这个曲线进行探讨,可以使这些财务预测更加可靠。

正如我们将要在第二章讨论的那样,资金曲线在决策、计划、分析、交流方面是极为有用的工具。更重要的是,协调一致地使用资金曲线,可以使管理者能够更有效地管理可以产生资金回报的创新。

图 1-1　资金曲线

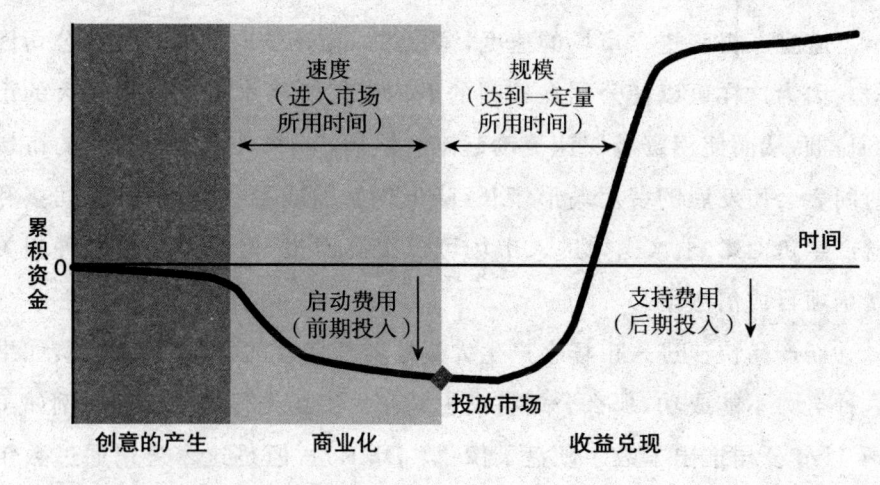

对资金收益有直接影响的 4S 要素

启动费用或者前期投入。前期投入的大小,通俗地讲也就是"窟窿的大小",也就是说曲线下降到平衡线以下有多少。许多公司不能通过测算,全程跟踪在创新方面的投资量,其结果是,它们也就不能得出某个特定产品和服务的回报。大量的前期投入可以使公司资产获得高增长,能力得到提升,并因此而产生大量的资金回报。但是这也提高了为获得市场成功所需产生的回报,而且也会对如何管理创新过程、采取什么样的创新模式产生影响。

一个前期投入巨大的新产品案例就是铱星计划。这是一个由摩托罗拉公司组织的一个联合性计划,目的是发展第一个全球通用的移动电话系统。这个计划的前期投入大约 50 亿美元。如果铱星计划的资金曲线能与其实际接近的话,这些前期投入可能并不算太大。然而不幸的是,铱星计划实施得并不顺利,大量客户都避之不及。最终,这个投资终

第一章

止，其资产被以 2 500 万美元出售。

速度。提高进入市场的速度，缩短进入市场的时间可以提高公司回报。因为这样可以使公司在较高的平均销售价格水平上获得较大的市场份额，从而使得资金快速流动起来。然而，一个太过雄心勃勃的市场时间表会使发展的费用畸形增长，降低创新的质量，或者对某种间接利益产生负面影响。（比如进入市场可以提高回报，但是也会使各种相关费用项目成倍激增。）

新产品快速进入市场会产生大量培养消费者的费用。相应地，如果这种努力不能成功，那么公司将失去其作为市场先行者的好处。例如美国 Tivo 公司推出了数字硬盘录像机（DVR）。但是这家公司通过数年时间的努力，才使消费者明白其产品能够干什么。鉴于数字硬盘录像机越来越受欢迎，各家电子巨头也不断推出各种款式的数字硬盘录像机。美国数字视频公司获得相应回报的希望越来越渺茫。

规模。达到一定销售量所用的时间，就是一项创新从发起到新产品达到计划规模的销售量，从而产生相应回报所用的时间。公司可以控制自己提供产品的能力，也可以培育市场需求，但是不能命令市场接受产品。在资金曲线中，达到一定销售量所用时间的曲线短而陡是较为理想的。一种新产品达到一定销售量的速度越快，则其实质性资金回报产生得越快。然而，短时间内达到一定销售量会使组织、供应链高度紧张，会提高管理费用，也会降低潜在的资金回报。

微软公司家用电视游戏主机的开发与商业化，就为获得一定销售量所涉及的问题提供了一个较好的范例。在 2001 年开发其第一代家用电视游戏主机的时候，微软公司远远落后于索尼公司。在投放市场后不久，公司就不得不将家用电视游戏主机的销售量迅速达到一个相当大的规模,目的就是促进游戏开发者为其开发新的游戏。而这种需求则推动着微软公司去选择创新的商业模式,我们将在第五章对此进行详述。

支持费用或者后期投入。创新成果一旦投放到市场,就要尽可能使其回报最大化。而公司要决定对一种产品或服务投资多少,投资多长时间,对哪些方面进行投资。这些关于创新支持的决策往往受到创新的商业模式、组织整合方式的影响。

例如,当推出角斗士汽车库产品系列时,惠而浦公司决定以极低的价格向消费者推销其墙面嵌板产品。墙面嵌板产品的价格几乎低得无利可图。而低价推销这些墙面嵌板产品是为了一系列其他的角斗士系统配套产品的销售。这些产品包括行李架、棚架、篮子和吊钩。虽然消费者并不需要通过购买墙面嵌板来获得角斗士车库系列配套产品,但当他们拥有墙面嵌板时,他们更倾向于大量购买这些配套产品。薄利销售这些墙面板是一种后期投入设计,其根本目的是为了提高整个角斗士产品系列的资金回报。

还有其他种类的支持费用,包括市场促销费用,产品发展和更新换代费用,销售、铺货和渠道开发费用。

资金陷阱

正如我们不断从世界各地的商业模式中看到的那样,许多公司没有仔细地分析、管理对每个新产品的回报有直接影响的4S要素。其结果是,这些公司常常高估了回报的潜力,或者不能实现这种回报。事实(而且往往是隐藏的事实)是许多新产品和服务尽管看起来是成功的,但是在整个产品生命周期内,没有获得任何资金回报。这些产品和服务在开发和后期支持方面花费了大量的费用,超过了它们所产生的资金收益。这就是所谓的资金陷阱。

有时候,公司有意地制造实际上是资金陷阱的产品,并将其推向市场。因为这样可以将创新的间接益处通过重要的途径传递出来。但是

第一章

这种情况是不多见的。许多公司将资金陷阱列在它们的收益之中,而没有意识到它们的行动是错误的。资金陷阱耗费了公司大量的资源,有时这种耗费是如此之大,甚至可以将整个公司拖垮。

比如宝丽来公司对于宝丽视即影即有相机的投资尝试就是一个资金陷阱,而这个陷阱引发了公司的破产危机。在1977年宝丽视投放市场时,只是一种技术性尝试。但是这种尝试需要大量的前期投入,而且由于产品进入市场的速度太慢,结果被录像带抢得了先机。宝丽视在投放市场后不久就失败了,宝丽来公司最终为此损失了1.97亿美元。我们将在第二章更加详细地讨论资金陷阱。

可以产生资金的间接益处

创新所产生的回报就是资金,但是创新也可以产生四种非资金回报。在带来资金回报时,这些非资金回报是有价值的。虽然这种资金回报需要时间,是间接的,但是有一定的确定性。

知识

在开发新产品和服务的过程中,公司往往能创造出新的知识,如专利、版权、商业秘密、商业包装以及其他智力成果。

正如我们将要在第三章中讨论的,获取知识需要时间和金钱,但是这些知识也可以在其当前特定应用之外创造价值,并为公司回报作出相应贡献。知识可以应用于其他新产品和服务,或者将其自身或自身的一部分作为一种产品进行销售,对外发售许可权。管理的难题是根据这些知识对于当前和未来公司回报的贡献,决定向其投资多少。

一些公司从事的许多项目主要是为了获取知识收益,而不是为了直接产生资金收益。例如,索尼公司开发著名的机器狗AIBO,主要是为了更多地学习关于机器人方面的知识。索尼公司的高级执行副主席青木昭明(Teruaki Aoki)告诉我们,"我们真心鼓励机器狗研究组的成员去努力研究,因为应用于机器狗的所有基础性科技成果,如传感器、人工智能等等,最终都将会应用到索尼的主流产品中去[2]。"索尼公司相信,在未来几年中,机器狗的操作软件和电子系统在开发定制化、人性化的消费性电子产品中会越来越重要,而其中一些作用已经开始显现出来。经过一段时间,知识的收益可以明显地转变为资金回报。

品牌

公司的创新可以提升和加强其品牌,这是因为这家公司被看作是创新者。如果一家公司因创新而为大家所熟知,那么这家公司可以与其合作者、供应商建立更强有力的关系。而消费者更加乐于以更高的价格接受其新的产品和服务。而所有这一切都更有利于公司的回报。

2002年,LG公司向美国市场推出了一种26立方英尺钛面网络冰箱,价格为8 000美元。这种冰箱具有计算机功能,由以太网连接,在门内装有一个15英寸的液晶电视。家庭主人可以使用这种冰箱查发邮件、上网、看电视。同时,LG公司与一个低端产品的供应商联合销售这种冰箱,这家供应商以其金星品牌而出名。市场很快接受了这种新冰箱,但是冰箱计算机的市场规模很小。而对于LG公司而言,这不是最重要的。正如LG公司首席执行官李营河(Young-Ha LEE)向我们所说的,网络冰箱对于LG的品牌十分有益。李营河告诉我们,"当我们涉足这个高收益的高端市场时,消费者感到十分意外"。"如今,人们将LG公司看作是一个年轻的、富有创新性的公司。"[3]其结果是,LG公司不但提高了其在整个美国的市场份额,而且也在高收益市场获得成功。创新使得公司的品牌受益,并促进了公司的资金回报。

第一章

生态系统

创新型公司往往能与其公司生态系统中的成员建立特殊的关系。在这个系统中,包括消费者、供应商、合作者、渠道商、投资者、股东、媒体、分析人士和行业协会。

这些关系可以为公司带来许多能产生资金回报的好处。例如,创新型公司可以得到供应商和合作者的偏爱。而这种偏爱可以使这些公司比其竞争对手更被优先考虑,在交易和订立合同时获得更好的条款。创新型公司相较于那些看起来没有创新的公司而言,还可以在零售中获得超额利润,得到更多的关注,在市场中获得更好的竞争地位,公司的销售量会更大。创新型公司可以创造出能使其建立相关产品标准的生态系统。比如,美国杜比公司致力于开发专业录音领域的一种降噪系统。由于这些专业性的关系,在消费者市场上,杜比公司的技术成为降噪系统的标准。而这就为公司带来了大量的资金回报。

组织

创新型公司比其他公司更能吸引、留住并提升在开发新产品和服务方面具有特殊才能的人才。这些人才可以是单个的参与者、团队成员或者是领导者。而这些做法将有助于这些创新型公司进行更加有效的管理创新的过程,带来更多的回报。

有时候公司开发新产品和服务主要是使其组织内部的员工受益。例如在2002年,波士顿啤酒公司,也就是淡啤酒的生产者,向市场投放了一种叫做乌托邦斯的啤酒。这是当今世界上度数最高的啤酒。这种啤酒度数达到不可思议的25度,而常见啤酒只有5到6度。就公司的创始人吉姆·科克(Jim Koch)而言,这种产品为公司带来新的增长动力,并使创新在波士顿啤酒公司成为一种制度,其结果是,公司不断开发出其他能够产生资金回报的新产品。科克告诉我们,"效益还以其他的形式出现——自我实现自豪感。对于我们这个关注韧性和自豪感的公司而言,我们永不满足于现状,这一点的确十分重要"。[4]

创新商业模式

创新商业模式决定了如何将一种想法商业化和现实化。每种模式都是对公司及其合作者所采取选择的一种截然不同的管理模式。而且这种模式也是对资金、间接收益和风险不同的配置方式。虽然这三种管理模式与公司战略、公司所有权结构比较接近,但是管理方式既不同于公司战略——比如公司是市场先行者还是快速跟进者,也不是公司的所有权结构——比如投资联合体或者是战略同盟,而且管理模式的范围远远大于诸如新产品开发、产品生产周期管理等阶段性的管理程序,但是管理模式可以具体表现为这些形式。

现有三种创新管理模式如下:

- ➢ 一体化创新模式
- ➢ 整合创新模式
- ➢ 特许经营

今天,多数大型创新型公司对这三种商业管理模式进行了组合应用。特别是在有多种产品组合时,这些公司会在公司或市场允许的情况下,对这三种商业管理模式的组合进行改变。

不幸的是,对于已经选定的创新,许多公司采用了人们默认的模式,而不是经过仔细挑选而定的最适合的模式。这些公司只是赞同那些他

第一章

们常用的管理模式,或者其他人正在应用的模式,或者是对它们当前而言最容易应用的模式。其结果是,这些公司没有获得它们本应获得的资金回报或者间接收益。因为这些人默认的管理模式并不适用于相应的创新,或者因为他们根本不能控制管理的执行过程。

精心挑选管理模式是非常重要的,因为管理模式对于以下关系到回报的三种要素而言,总有十分重要的影响:

- 成功获得利润的可能性
- 回报的数量
- 在商业化和现实化的过程中,回报和风险在不同组织之间的分配

每种管理模式都有优点和缺点。而选择管理模式时,需要考虑适合相应想法本身的特点,公司的能力、可以获得的资源以及对资金曲线和间接收益的影响。每种创新管理模式都可以带来回报,但是也可能带来风险,以及必须达成的妥协。

一体化创新模式

从历史上来看,一体化创新管理模式是最为常见的创新管理模式。与其他各种管理模式相比,一体化创新管理在数量上占有优势。正如我们将在第四章中要讨论的,一体化创新管理模式"拥有"并控制整个创新管理的过程。实行一体化创新管理最重要的原因,是公司想尽可能地严格控制影响资金收益或者核心间接收益的要素,或者公司试图为自己保留这些积极的结果。然而,资金收益越高,间接收益越大,风险就越高。

公司也会因为考虑一些在操作方面影响公司回报的特殊原因,从而选择一体化创新管理模式。这些原因包括,当必须严格控制质量时;当公司需要快速进入市场,而其合作者不能为其提供核心支持时;合作者

总论

不能在某些方面满足公司重要的时间要求时;或者当公司希望对产品相关知识保持较大的所有权时。

尽管许多公司选择一体化创新模式是因为它们想对创新管理过程进行最大程度的控制,但是一体化创新管理模式要求公司具有世界级的制造、市场、销售水平,而且要求公司在真正的跨功能合作方面取得过成功。一个一体化创新管理公司很有可能对管理过程中的某部分失去控制,或是彻底失败。

在第四章,我们将会谈到世界上最大的硬盘制造商美国希捷公司是如何通过实行一体化创新管理模式,而使自己与竞争者截然不同。在那个市场环境中,为了获得回报,许多竞争者采取与其不同的创新管理模式作为它们的主要竞争手段。

整合创新模式

正如我们将在第五章所要阐述的,整合创新模式对创新管理的各个方面进行控制和管理,但是并不具体执行。当公司缺乏开发新产品的能力,而又因为种种原因自身不想获得这种能力时,这些公司采取整合创新模式。创新整合模式相较一体化创新模式而言更具弹性。因为采取这种管理模式的公司,不必为在其产品或服务的产品寿命周期中需要变化的人员、资金、设备、组织机构、市场投入精力。当需要将自己的思想重新组合,或者将外部的想法引入到公司的管理程序中时,公司也常使用整合创新模式。开放式创新管理也是公司在创新想法产生阶段主要使用的一种整合创新模式。

相较于一体化创新模式,整合创新管理模式需要的投入较少。公司可以利用合作者的资产和能力,而创新整合者自己的资产和能力只负责整个管理过程的一部分。例如,许多自动化原始装备制造商(OEMs)与欧洲所谓的改装车制造者签订合同,将设计和生产活动承包出去。一

第一章

些公司,比如芬兰的瓦尔麦特公司(Valmet)、奥地利的麦格纳公司(Magna Steyr)、意大利的宾尼法利纳公司(Pininfarina)、德国的卡曼公司(Karmann)等,通过将各种设计和生产活动进行外包,减少了原始装备制造商的成本,并减少了一些管理层。在汽车制造业内,这些公司帮助形成了适合整合创新模式生存的生态系统。

整合创新模式与一体化创新模式截然不同,因为整合创新模式中的关系和需要整合的因素更多,而一体化创新模式的关系中,这些因素更加分明。在第五章中,我们将会看到微软公司为开发平板电脑,如何将公司管理转变为整合创新型管理。

特许经营

我们将在第六章中讨论到,虽然整合创新管理和一体化创新管理是应用最为广泛的创新商业模式,特许经营正迅速地变成一个受人青睐的创造回报的管理方式。许可人是新产品创意的主要拥有者,有时也是这种产品商业化过程的主要拥有者。但是,许可人对于新产品的实现过程没有所有权。即便如此,一些许可人还是对于如何应用他们的智力成果详加说明,以保证产品的质量水平、应用水平,并保持品牌的一致性(如果涉及其品牌名字的话)。在这些情形中,许可人向其许可经营者出租商业系统,以不用耗费将其想法推向市场所需的费用与精力。有些许可人与其许可经营者保持着密切的关系,这样他们就可以利用在新产品实现过程中所获得的新知识,并将这些新知识应用于更进一步的发展。

特许经营广泛应用于应用生物科学和信息科学等领域。这些领域科技进步速度快、风险高。精明的公司将特许经营看作是提升其资金曲线,更好地利用其有限资源,利用其他公司能力的一种有效途径。

例如,美国杜比公司(Dolby)精心选择特许经营来经营管理其知识资产,在相当多的客户中树立了强有力的品牌形象,并获得了极大的回报。在2005年,当杜比公司公开上市时,在其新股上市的第一天就为其创建者募集了大约五亿美元的资金。而这些有力地证实了许可经营的强大威力。

协调管理

许多公司没能获得回报的一个重要原因,就是它们认为创新是一个即兴的活动,并以此对其进行管理,或者认为创新只可以鼓励,但是不可能在公司内制度化。这些想法有时可使公司获得一时的成功,但永远不可能使公司开发出一系列的新产品、新服务,以获得源源不断的回报。而要想获得源源不断的回报,协调管理必不可少。

协调管理意味着公司的商业战略、管理程序、组织机构、商业模式、人员、规章制度、薪酬结构和领导能力都要围绕创新管理进行调整。所有进行创新管理的公司进行的协调管理都不如宝马公司的完善。在第七章中,我们将对这家德国汽车制造商开发并严格执行的三个层次的协调管理程序进行阐述。

协调管理可以在各种形式的组织机构中应用。没有理想模式的管理层次、单元以及管理跨度。但是,正如我们将在第七章中所讨论的,我们合作、研究过的所有公司都对组织中必须协调的所有要素投入了相当大的精力。其中包括如下几点:

个体职责

尽管没有一家公司可以通过简单的组织安排就可以提高其创新的能力,但是许多公司确实将其创新能力根植于组织的汇报机构之中。这些公司要么有一个提倡、鼓励创新讨论的组织者,要么有一个主要创新者,他实际上是创新的领导者,并直接介入创新程序。

第一章

单位职责

许多公司在创新管理过程中,常常成立一些具有特殊角色定位的小团队或单位。在这种小团队中,有的专注于某一种产品和服务的开发,并倾向于在公司日常管理之外运营。这对于它们来说十分重要,因为这样它们就可以脱离"损益专治"。许多具有良好回报潜力的项目被一些管理者删掉或放弃。因为这些管理者对于公司损益负有直接责任,而这些项目的资金收益产生的时间太遥远(对于一些项目意味着超出了会计年度)。让那些没有公司季度损益压力的管理者负责管理这些创新小团队,常常可以使新产品获得更好的生存机会,并最终产生回报(并有助于将来的日常管理者达到其损益数据)。这种团队像是一个孵化器,它们可以将自己设计成鼓励、寻找、评估和推进创新想法的组织。这些团队中的另外一些团队会像内部风险投资者或发起者那样运营,它们筛选并资助创新想法,推动其商业化的过程。摩托罗拉的早期技术孵化器就是一个例子。这种公司内部的团队规模小,并专注于创新。

公司范围的职责

投身于创新管理的领导者和专注于创新管理的团队在公司中扮演着十分重要的角色。但是公司中的所有员工理解创新管理过程,相信创新管理的重要性,并为之作出相应的贡献也是创新管理的基础。这不仅仅是向非管理人员和一线雇员提供一种为公司发展建言献策的渠道,而是像三星公司那样,发展一种人人能说的创新语言,像宝马公司及其他创新者成功做到的那样,围绕创新,协调他们的行为。

有利的公司环境

公司应当创造出良好的组织、文化环境,以利于产生创新想法,激励人们去创新。正如我们将在第七章中看到的,公司领导者应该对以下六个方面施加影响:思考的时间、探索的空间、研究领域内深厚的知识、激励、关注创新想法的对话和动机。

开放式管理

公司越来越多认识到它们是在一个网络中经营,而且是在许多网络中的一个网络中经营。而它们必须利用它们组织外部才有的知识和专业技术。它们建立各种关系,创建各种机构,培育各种网络,以提升各种意见、想法、影响力的多样性,并将其应用到创新管理过程中去。在第七章,我们将会看到有些公司,如瑞士迅达电梯公司(Schindler),这个电梯的创新生产者,是怎样变为业界的"侦察员"——总是从公司的外面搜寻新的想法。而其他的公司(如宝洁公司)如何变成为业界的"灯塔"——将人们的新想法、新技术吸引到公司里来。

衡量的标准

许多公司常常以一系列传统数据作为判断创新管理的依据。这些数据包括研发费用占销售额的比例、申请的专利数量、销售额中新产品新服务所占比例。而且这些数据常常界定为公司最近两三年的表现。获得较好回报的公司能仔细地审核对资金曲线和资金回报有直接影响的四种要素,即启动费用、速度、规模和支持费用。而且这些公司不断地监控在未来可能产生回报的间接收益。在下面的章节,我们将研究像飞利浦这样的公司是如何建立各种规章制度,以便更好的追踪它们的创新所产生的收益。

第一章

领导

创新管理对于领导能力的要求，与市场地域扩张战略、成本削减战略或者收购战略大不相同。一些在开发新产品、新服务方面几乎没有什么经验的公司领导者认为创新管理过程的管理可以委托他人来进行，而事实上，创新管理确实是需要委托他人来进行，因为创新管理不是这些公司领导者的专长。

但是创新管理不能放任不管或授权给下级，公司领导者应当介入其中。但这并不意味着领导者必须亲自出面管理，或者全面参与所有的特定行动。而是说要求领导者花费相当多的时间，切实管理各个创新过程中各个阶段的工作，在其日常管理沟通与行动中投入足够重视，在各个阶段投入适当的资源。

正如我们将在第八章所要看到的，如下这些行动与决策，对公司回报有着重大影响，公司领导层对此绝不可以疏忽大意：

> **使组织确信创新的重要性**。公司领导者必须使其公司的员工确信，创新无论是对公司、员工，还是领导者自身，都是十分重要的。

> **资源配置**。当创新及其他性质的项目与时间、资金及人才等有限的资源形成竞争时，决定如何分配这些资源是领导者的责任。

> **选择一种创新商业模式**。领导者必须保证，其管理模式是为了使各种产品和服务得到理想回报，是经过精心选择的，而不是默认性的选择。

> **改造主打产品**。当一种产品或服务获得极大成功时，即使其回报已经开始下降了，也常常会继续获得高额的资源配置。这就使其变成了公司的"主打产品"，常常会扼杀公司其他部分的创新。为了降

低公司主打产品的负面影响,领导者必须采取具有针对性的措施。而在采取这些措施时,领导者常常需要考虑,在主打产品和其他可能对这种主打产品产生影响的商业单位之间,如何分配资源。

➢ **关注正确的事情。** 领导者需要使组织关注能够产生资金回报的想法和行为。而这常常意味着将哪个想法商业化,如何安排中层管理职位,什么时候否决一个想法,什么时候外调现有产品的资源。

➢ **将正确的人员安排到正确的位置。** 领导者必须负责雇用并安排对创新管理过程有较大帮助的人员,同时负责调离并重新安排那些对创新管理过程没有帮助甚至产生妨碍的人员。

➢ **风险管理。** 成功的创新管理领导者必须认识到,要想获得回报,必须将好的想法付诸实施,并承担相应的风险。领导者必须真正领导创新尝试,而不是仅仅表示支持或者进行口头上的表态。

在后记中,我们向那些想将本书中的观点直接应用于其生意中的读者提出一个非常有吸引力的话题:开始行动的具体步骤。

但是,我们首先建议你在开始回报旅程之前,对在成功的创新管理中,资金所必须扮演的关键性角色有一个深刻的理解。

第一部分 创新的回报

PAYBACK

第一部分

在第二章中,也就是资金和资金陷阱那一章,我们将讨论极其重要的资金回报以及对其有影响的4S要素。这4S要素就是启动费用或者前期投入;速度或者进入市场所用的时间;规模或者达到一定销售量所用的时间;支持费用或者后期投入,包括各种费用和连续的投入。我们引入资金曲线这个工具,以将管理形象化,对回报进行讨论、分析、提高,并为之设定目标。

在第三章,也就是创新的间接效益那一章,我们将讨论创新的四种间接效益。这四种间接效益是获得知识、提升品牌、加强管理生态系统以及增强组织的生命力。我们要讨论这四种间接效益怎样反过来产生资金回报。

第二章 资金和资金陷阱

产生效益是进行创新的唯一决定性指标。
——西门子公司董事会成员、集团技术部门负责人,克劳斯·韦里奇

从资金回报来看,微软公司是商业史上最成功的创新者。微软Windows系统和微软办公自动化系统不但改变了世界,而且带来了数以十亿计的资金收益。即使在其进入市场二十年后的今天,Windows系统每月都有10亿美元的毛收入,每年大约90亿美元的运营收入,或者说是每月平均收入超过7.5亿美元[1]。在所有的新产品中,Windows系统产生回报最大。这些新产品包括一些巨无霸,如福特的T型车、波音747飞机以及历史上投放市场最为成功的新药:降胆固醇药立普妥。

Windows系统和办公自动化系统不但为微软公司产生了巨额的回报,而且其所带来的资金也使微软公司获得了惊人的增长。众所周知,微软公司数据一向是令人感到惊讶的。微软公司成立于1975年,在公司成立后的年度中,收入年年增加,利润除两个年度外,也是年年增加。从1985年到2004年,微软公司年平均收入增长率为34%,利润年平均增长率为36%。

但是微软公司并没有让其Windows系统变成阻碍其创新发展的

第二章

"主打产品"。微软公司围绕其核心产品不断进行创新,使其核心产品与其他服务和技术协调一致,不断增加新的特点和新的性能,并不断升级到新的平台。

微软公司也知道 Windows 系统不可能永远是其回报的引擎。微软公司在开发和商业化新技术、新产品方面投入了大量资源。这些新技术、新产品有 MSN 系统、Xbox 游戏机和平板电视系统。这些新技术、新产品有可能成为微软公司下一个回报的主要来源。

毫无疑问,许多读者会强烈地质疑微软公司是历史上最具创新的公司的观点,在我们将本书手稿早期译文向人们展示时,一些人也是这样想的。微软公司毕竟没有发明计算机或者使用者界面。但是这与此无关。正如微软公司向人们证实的那样,成功的创新往往并不依靠原创性的发明。微软公司建立在一个他人产生的想法之上,然后围绕着这个想法进行创新,获得的回报比任何公司都要好。

在微软成功创新的案例中,最重要的是资金回报。这不仅仅是因为世界上大多数上市公司负有带来资金回报的信托责任,而且是因为资金可以促进公司组织的发展,并不断地进行改革。只有在股东相信公司目前正在从事的事情能带来大量资金回报时,他们才会有容忍公司短期的低利润、低增长。除非创新产生资金回报,否则,这种创新实际上只是一种浪费。

所以,进行创新的理由十分简单:那就是产生资金回报。

资金曲线

为了通过管理产生资金回报,有必要以一种科学的、前后一致的方法去分析、理解管理,并对如何管理进行决策。而进行这种管理最有效的工具就是资金曲线。

尽管许多公司有大量电子数据表,而这些电子数据表充满了关于公司内各种创新项目财务方面的数据,但是这些表中的信息却难以用于公司的创新管理过程。这些数据毫无用处,难以支持决策,而且数量庞大,难以为公司实质、有效地应用。因此,"玩数据游戏"就成了财务人员的一种练习,而事关公司整体的商业研讨和决策则让位于"数据工作"。尽管获得资金流、净现值和多种未来财务成果的详细信息十分重要,但是这些工具常常不能在公司制定高效商业决策时,使公司内的不同员工形象理解其内在含义,并使他们可以作出不同的选择。

然而,资金曲线可以促使管理者通盘考虑资金动态,并帮助管理者清醒地认识到投资和管理决策将会产生的结果。资金曲线可以使管理者识别敏感领域,并常常能在公司激发起关于如何"提升曲线"的讨论。在这里,一幅图胜过千言万语,其价值也许可达到一亿美元甚至更多。

当没有以前的数据可以作为新产品和服务的评价依据时,现金曲线为这种讨论提供了难得的科学依据。现金曲线使项目管理者和执行者看到,交易的规模和时间对于资金回报的影响。用于勾勒资金曲线的数据不用太精确(那可能吗?),但是随着项目的不断推进,要经常对这些数据进行更新提炼。

如果没有对资金曲线的研讨,管理者常常在进行创新管理的过程中,对于管理目标和相关努力带有不同的预期,对风险有不同的态度,对管理过程有不同的看法。但是通过应用资金曲线,并对其进行研讨,公司领导者可以在董事会上让个人设定创新管理的目标,识别风险,并围绕创新的努力,协调组织中的各个部分。

研讨主要集中于影响新产品新服务的成功及其产生回报能力的4S要素。这些要素往往隐藏于电子数据表中,但是资金曲线(见图1-1)使得这些要素更加形象,并使这些要素对于资金曲线的交替影响更加显而易见。

➤启动费用或者前期投入

第二章

> 速度或者进入市场所用的时间
> 规模或者达到一定销售量所用的时间
> 支持费用或者后期投入,包括各种费用和后续的投入

启动费用

第一个 S 要素是前期投入的规模和时间,或者说是现金曲线位于"盈亏平衡"以下。较大的启动投资可以使公司的资产和能力在将来产生可靠的资金回报,但是这也增加了创新管理的风险。大量投资成倍地增加了市场成功所需产生的资金回报,也会影响创新过程的管理及商业模式的选择。

一个前期大量投入最终没有获利的典型例子就是铱星全球移动电话网络项目。当摩托罗拉公司决定发展世界上第一个能够通过卫星网络运行的全球性移动电话系统时,这家公司知道它们正走上一条在整个投资过程中的三个阶段都需要新要素的创新之路:创意的产生、商业化和现实化。为了分担这个新投资项目巨额的前期投入,摩托罗拉公司与合作者建立了联合体,并成立了一个独立的实体,叫做铱星公司。就这样,摩托罗拉公司希望将其所负担的前期投入曲线尽量调整的距盈亏平衡线近一些,并平衡利用其他合作者的能力。

摩托罗拉公司选择合作者是明智的。因为,项目启动费用曲线降到盈亏平衡线之下超出了它们的预期,其前期投入达 50 亿美元。如果铱星项目能够以更快的速度发展的话,那么这些费用也许还可以接受。但是在铱星项目从其想法产生到最终投放市场的 12 年中,竞争对手发展出自己的移动电话系统。这些系统不但能够向消费者提供所需求的服务,价格也为市场所接受。

投入 50 亿美元并用 12 年时间的努力,铱星项目共发射了 66 颗近地卫星,设立方遍布全球的网关,举办了 1.8 亿美元的商业性活动等诸多结果。但是其花费的费用远远超出了预期[2]。如果它们能够绘出这个项目的资金

曲线，并仔细地研究一下的话，它们本来能够清晰地看到自己为自己挖下的巨大资金陷阱。它们还可以通过资金曲线看到，使铱星项目快速达到相应的市场规模是多么重要。而且还可以看到，如果项目没能快速达到相应的市场规模，那么几乎没有多少资金回报可以用于项目的支持费用。

图 2-1 铱星项目资金曲线

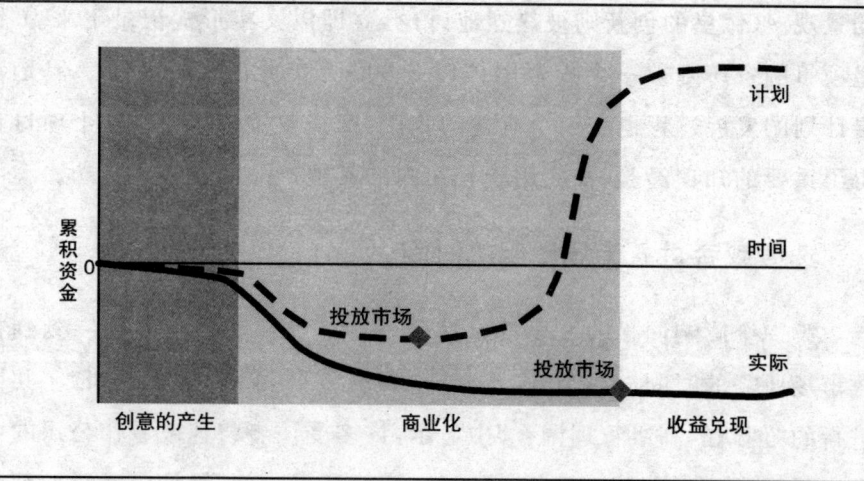

如果铱星项目的管理者认识到启动资金投入如此之大，而且认识到曲线中达到相应经济规模如此困难（见图 2-1），那么他们可能就会更深刻地认识到，这种新产品和服务几乎不允许犯任何错误。这个项目必须依照计划出色地运行，而且目标市场的大部分客户都能快速地接纳这种新产品和服务。

然而不幸的是，这些都没有发生。从项目一开始，铱星电话就遇到了技术难题：电话听筒体积庞大、难以操作，用户必须在露天才能接通信号。另外，通话价格高得离谱，即使对于作为主要目标客户的商场人士，通话费用也是过高。毫无疑问，公司提高服务价格是为了获取更多的收益，但是事实却适得其反——高价限制了用户数量，延长了项目到达其

第二章

经济规模所需的时间。铱星项目管理者曾经预测,到2000年其项目网络将服务于600 000个消费者,但是直到1999年末,项目只与15 000个用户签约。而就在其间,传统无线通讯商以超出摩托罗拉公司预期的速度进入了这个市场。这个结果对于摩托罗拉公司而言是致命的。

1999年8月份,铱星项目停止运行,并宣布破产。消息一传出,媒体报道建议人们观察天空中那些被遗弃的卫星脱离轨道,在天空中解体的景观。[3](铱星的创新则被热烈地讨论,立即以文字形式记录下来。)铱星项目的资产则被一个投资团体以2 500万美元的价格买下。[4]但是铱星计划的发展过程也有一个有益的收获:摩托罗拉公司通过这个项目获得了重要的知识经验,并应用于公司内的其他产品而获得了成功。

速度或者进入市场所用的时间

第二个影响回报的S要素是速度——就是想法产生的那一刻到投放市场所需的时间。在2006年,波士顿咨询公司和《商业周刊》在共同进行的"创新的高级管理调查"中显示,许多受访者将速度看作公司的一个主要问题。实际上,"开发一种创新想法所需时间"被认定为增加创新回报的头号障碍。

加快进入市场的速度可以提升资金回报,并通过使公司在较高平均销售价格下获得较大市场份额而降低风险和启动费用。(特别是如今加速的全球化竞争,更加加快了产品普及化的步伐。)

然而,当公司决定将其注意力集中到提高速度上时会对其他方面产生影响。有时候一个雄心勃勃的进入市场的时间表会增加(而不是减少)启动费用,或者会影响产品的质量,而这些最终会降低其达到经济规模的能力。

通常情况下,提升速度的主要目的是在有力的竞争者出现之前完成相应的市场目标,这样可以获得最大的市场份额。但是加速进入市场则需承担较高的支持费用,因为公司需要将新产品告知消费者,并教育消费者。如果加速所需的投资没能到位,或者相应的努力没有成功,那么速度的优势就会丧失。

比如美国的 TiVo 公司致力于开发硬盘录像机(DVR),将有线电视系统和卫星电视系统与这种设备连接起来,让观众能够自主录制节目,控制节目演示过程。硬盘录像机影响巨大,在其推广过程中动摇了广播业和广告业。然而,TiVo 公司经过数年努力才使人们准确地理解硬盘录像机能够干什么。如今,硬盘录像机越来越受到消费者的欢迎,而这家消费电子产品巨人也开始向消费者提供具有增强功能的新型产品。但是,有线电视和卫星电视运营商也以较低价格推出自己的新型产品。因此TiVo公司也许永远不能从其杰出的发明上获得回报(见图2-2)。

图 2-2 TiVo 公司资金曲线

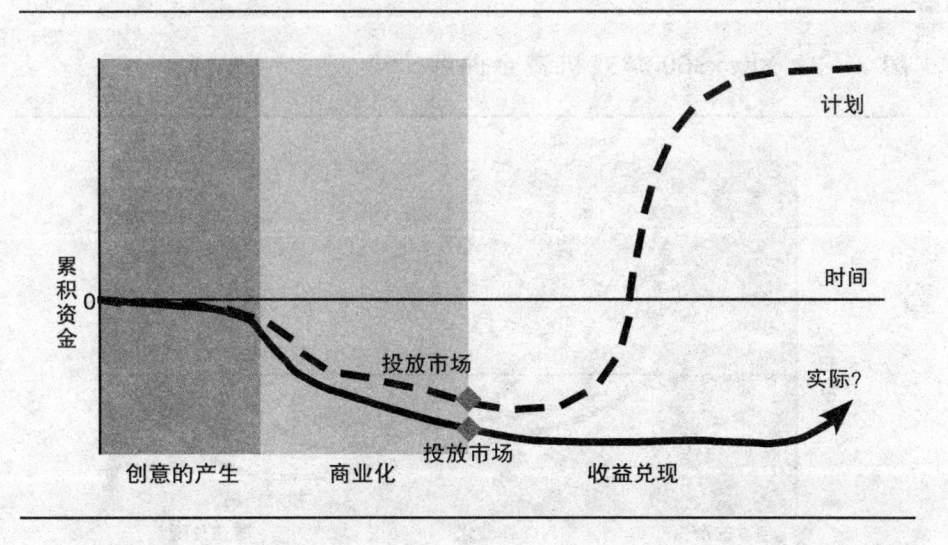

在过去的二十多年中,速度成为十分重要的问题。而在过去 10 年中,由于产品生命周期的缩短,速度变得更加重要。[5]各类产品预期寿命越短,可能的

第二章

竞争反应越快,紧跟市场的重要性就越高。产品的种类并不像以前那样稳定。在市场淘汰产品之前,产品需要有足够的时间去获得回报,这一点十分重要。鉴于资金曲线中,产品投放市场后的曲线段越来越短,在产品处于较低销售量时,启动费用就必须全部投入完毕。这样看起来,速度越来越快了。

规模或者达到一定销售量所用的时间

规模就是新产品新服务从投放市场到获得预期销售量所需要的时间。在某种程度上,一家公司可以控制自己的生产能力,但是不能控制市场的需求。在资金曲线上,达到一定销售量所需时间的部分比较陡峭的情况是比较理想的。一项创新达到其最高产能的速度越快,则其开始获得资金收益的时间越早。

微软公司第二代家用视频游戏主机的开发与商业化,为这种达到相应销售规模的时间管理问题,提供了一个很好的范例(见图2-3)。

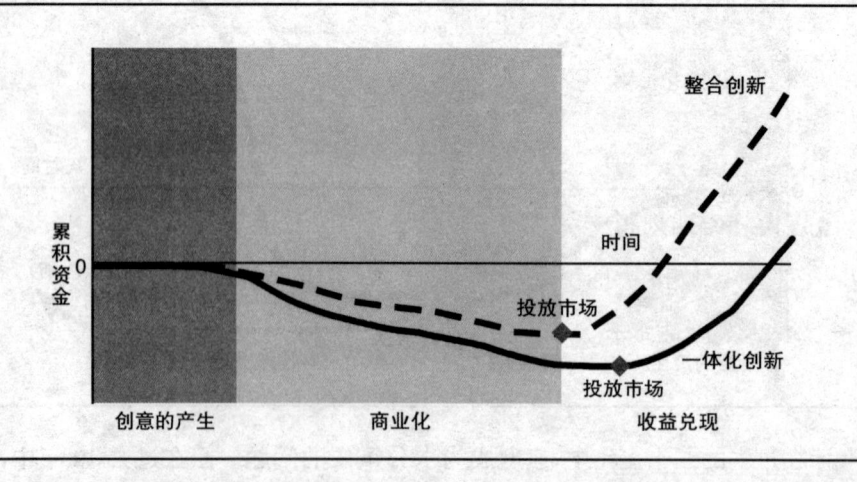

图2-3 Xbox360游戏机资金曲线

2001年11月,微软公司推出第一代Xbox家用游戏机,与任天堂的

资金和资金陷阱

GameCube 游戏机几乎同时推出。但是索尼公司却于一年前就推出了 PS2 电视游戏机,而且当微软公司推出 Xbox 游戏机的时候,索尼公司的 PS2 已经建立起了一个拥有 650 万使用者的群体。想要使游戏爱好者转而使用自己开发的设备,微软公司面临着相当大的困难;而想要说服开发者开发与 Xbox 游戏机配套的游戏程序,微软公司也有许多工作要做。

在开发第二代 Xbox 游戏机时,微软公司决定跟上市场的步伐。得知索尼公司计划于 2006 年上半年将其 PS3 游戏机投放市场,微软公司决定将其 Xbox360 游戏机于 2005 年 11 月投放市场。微软公司此举的目的是以其先进的游戏机吸引游戏程序开发者为 Xbox 游戏机开发出最前沿的程序,并以此吸引游戏发烧友购买其产品。但是,只有微软公司将其产品销售规模快速扩展到足够大时,以上目标才能够完成。

为此,微软公司没有自己制造 Xbox 游戏机,而是像其在开发 Xbox 原型机时那样,与伟创力(Flextronics)公司——电子器件的合同设计者、制造者进行合作。伟创力公司由伟创(Wistron)和天宏(Celestica)两家合同制造商加盟。它们共同制订了一份赶超计划,为制造出足够的产品,满足充满希望的全球市场需求做好准备。"我们达到相应规模越快,结果就越好。"微软公司娱乐和设备部门总裁罗比·巴赫(Robbie Bach)在接受《华尔街日报》(*Wall Street Journal*)采访时说。[6]

微软公司计划得十分好,而且也十分幸运,因为索尼公司宣布将其 PS3 游戏机投放市场的时间推迟至 2006 年 11 月。这就给了微软公司一个机会,使其能够在竞争对手将产品投放市场之前,销售出大约 1 000 万台游戏机,而从游戏机发展历史上看,这个数量是游戏机的保本销售数量。

然而,索尼公司的优势使得 PS3 成为游戏机理所当然的终结者,并使与 PS2 游戏机建立了稳固联系的游戏爱好者及开发人员不会立即投

第二章

入到 Xbox 游戏机的怀抱。为了降低索尼公司在市场影响力,微软公司需要在教育消费者、促销、销售和建立营销关系方面大量投资,以获得相应的销售规模。

还有一种可能,那就是一旦 PS3 游戏机进入市场,微软公司可以通过大幅度降价进行反击,或者推出最新的射击游戏 Halo3 进行对抗。这种射击游戏销售得很好,而且是第一款个人射击游戏。而如果推行这些措施的话,会进一步增加公司的总投资。

支持费用

新产品投放市场后,对相应支持活动的投资对于利润有重大影响。这些费用包括:

- 营销和促销活动
- 定价活动
- 产品的改进和品种扩展
- 部门内对其他产品的调用

当资金曲线与盈亏平衡线相交时,也就是累积资金投入归零并开始赢利时,新产品才开始步入其获得回报的旅程。然而,考虑到资金的时间价值,只有资金曲线达到盈亏平衡线以上的某个点时,才能够产生真正意义上的资金回报。

为了使新产品的投资收益最大化,公司必须决定在产品的支持费用方面投入多少——营销活动方面、产品升级与功能增加方面、增加产品分销方面以及调整定价方面。当然,当没有必要进一步投入产品的支持费用时,可以决定是否向产品其他方面投入。而这意味着,随着公司内部下一代产品投放市场,或者只是降低现今产品在公司中所占的比重,逐步降低产量,并最终逐步淘汰,而决定将该产品的资源向其他方面调拨。

在资金曲线上,一种新产品投放市场后的利润,往往看起来比用年度利润计算其业绩时要低一些。公司往往支持产品的各种费用,因为这些产品看起来会产生资金收益,而实际上这些产品却没有产生利润。这是因为年平均利润数据常常不能将所有真实的后期费用包括进来。这些后期支持费用不但包括资金,还包括支持费用和稀缺资源费用,特别是关键人员的费用。另一个十分重要但却更加难以估算的费用是机会成本——也就是资源投入到现今投放市场的产品上,而没有投入到其他产品上时所产生的成本。尽管调节内部资源十分困难,但将一种商品投放市场过久,并进而眼睁睁地看着竞争对手将其市场份额瓜分掉会更加痛苦。

应用资金曲线

当开发新产品新服务时,管理者常常以为他们知道将其商业化的过程中,会发生些什么情况,并对这些新产品和新服务进入市场后的表现如何作出种种预测。然而,这些管理者的各种设想常常是基于历史(或者是希望性的想法),而不是以询问并客观地回答一系列问题为基础。这些问题是关于创新所产生成果的管理过程和范围的,比如:

> 为了能使产品如期投产,团队能否按时开发完成。
> 产品是否确实能够得到消费导向的投资?
> 我们是否能达到预期的产量产能?
> 需要多大的资金投入,其变动幅度有多大?
> 我们什么时候会将产品投放市场,开始销售?

第二章

➤消费者会以什么价格购买产品,他们能购买多少产品?
➤我们什么时候会开始赢利?
➤简而言之,这个创新项目看起来是否会产生资金回报?如果会,那么将会在什么时候,如何产生资金回报?

在德国材料加工设备制造商林德(Linde)公司,一种新产品的资金曲线在其最早的几年一直处于负值状态(见图2-4)。因为这段曲线表示开发一种新型卡车需要较长时间,而且资金的需求也十分大。尽管如此,管理团队还是想尽办法提升资金曲线,并权衡各种从长期来看会对产品投放市场后的利润产生影响的平衡关系。

图2-4 林德公司资金曲线

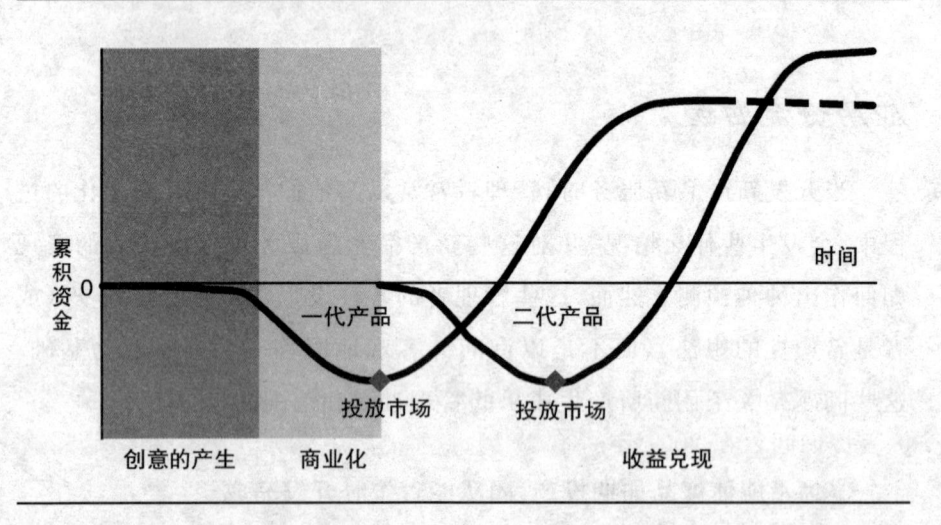

正如林德公司董事斯蒂芬·林克(Stefan Rinck)告诉我们的,"比如说,提升产品的规模,并达到所需水平需要的时间取决于我们。我们尽可能地加快提升产品规模的速度,但是只能达到一个特定的水平。因为在绝大多数情况下,在市场推出一种新产品时,我们会停止供应一种市场上正在销售的产品。我们不得不关注新产品的推出和现存产品的退出两者之间的时间问题,如若不然,我们将不得不同时生产两种产品,这意味着要在工厂中管理控制两倍于原先数量的设备和配件,其费用将是极其高昂的。产品在市场上成功的时间越长,没有替代产品,回报就越高。所以,我们竭力延长一种卡车的生产时间,因为这样可以加大我们的资金流。10年或者15年过后,我们常常会看到产品的收益达到了顶点,这就是推出新产品的时候了"。[7]

应用资金曲线会使管理层提出并讨论一些关键性的问题,并可使管理层在作出决策并付诸实施之前更好地分析风险、优化计划。资金曲线可以使管理者将其所有不同的观点集中于一个想法之上,其目的就是为了得出一个每个人都能看懂、能支持,并且通过努力能达到的资金曲线。而这就为来自全公司不同岗位:不同专业的员工提供了一个获得大家认同的参照体系,并能使他们能够在整个创新过程中,评估新产品和新服务的业绩表现。

美国轴承制造商 Timken 公司创新副总裁堂·伦勃斯克(Don Remboski)是一个资金曲线的坚定信仰者。他说:"资金曲线分析使得你能够停下来,提出一些涉及困难的问题。你会意识到如果创新的起始日期耽误上一周的时间,那么净现值就会现出巨大的变化——也许会达到每周数百万美元。你会意识到,你需要从正在测算的数据中获得极大的信心。那就是当商业人士开始深度挖掘这些数据时,他们会转而向销售人员询问,'在2007年的第37周,这些产品在市场上真的能够达到这种数据吗?'而销售人员常常会说,'请稍等。我们只是乐于这样估计那时的情况。让我用点儿时间提炼一下这些数据。'当你从销售人员那里得到提炼的数据后,你会发现情况并非像看起来那样乐观。例如,只有你将产品在某一确定时间上市,产品的相关数据才会比较理想。否则,整个项目将会失败。当然,市场的复杂性远远超出了能准确模拟的程

第二章

度,但是你又不得不竭尽所能作出明智的决策,决定推进哪些产品,放弃哪些产品。"[8]

许多公司并不想对某一个产品或者是整个部门的资金曲线进行分析。它们的典型做法是将一个项目的利润和损失相加后进行分析,而这其中就包括了净现值数据,并给出了分析中考虑的各种设想。这种做法使得每个人都将注意力集中于他们必须要做的事情上,以使净现值数据看起来更好一些。但是这种做法是错误的。

正确的方法是应用资金曲线去表明:如果你的设想是正确的,其回报将会怎样。而这就需要你基于那些设想去制订计划,理解各种设想的影响,判断哪种设想是最重要的,检测具有最大影响的设想,并在商业化的过程中保持各方面的平衡。有了这种思路,你就可以控制整个管理过程,而不是简单地被动反应。

资金曲线也是分析项目进展不畅的有用工具。资金曲线为这些项目提供了一个讨论的框架,分析项目中出了什么问题、什么时候出的问题、为什么会出问题以及如何在下次避免出现同样的问题。

资金曲线对于整个创新管理过程以及其中的所有事情都有持续的影响。这种观点十分重要,因为当人们面对一种新想法的前景时,总是容易兴奋起来,高估其潜在的回报,却严重低估风险。

风险评估

当公司没有应用资金曲线理解和评估一种新想法的潜在回报时,它们常常就要承担错误数量或者错误类型的风险。有时候这些公司承担的风险是如此之大,以至于威胁到公司继续投资经营的整体能力。在极端情况下,这甚至对整个公司构成威胁。另一种情况是由于高估了所面对的风险,以至于它们不能以它们的想法促进公司的增长。还有一种情况就是这些公司承担的风险常常是公司目前不能胜任的。好好地理解风险在什么地方可以改变资金曲线的形状,对资金回报产生影响,能使公司更加全面地思考哪些项目是真正有风险的,哪些风险要小一些。

"在思考创新管理以及越来越宽的投资范围时,我们主要的考核标准是财务回报——不是销售的数量,而是利润的数量,我们可以赚到的钱的数量。"圣戈班公司(Saint-Gobain)研发代理副总裁皮埃尔·伊曼纽尔·利维(Pierre Emmanuel Levy)说。圣戈班公司成立于1665年,是高科技材料及其相关服务的全球制造与供应商。他说:"第二个方面就是风险。我们尽力去寻找一种对我们几百个项目都行之有效的统一管理方法。而且我们设法拥有一种统一的规避风险的方法,这些风险可能是商业风险,可能是技术风险,也可能是法律风险。对于每一个项目,我们都设法使自己能够以一种富于冒险精神的尺度来对各种风险进行测算。而这些情况与财务回报综合起来,给了我们能够真正控制公司股价的工具。"[9]

风险有三种主要类型:

> 执行风险:公司能否确实按照时间表进行新产品和新服务的开发、生产、铺货和后期支持?
> 技术风险:产品或者服务能否按照意愿或者许诺的那样运转或运行?
> 市场风险:产品或服务能否以理想的数量、价格,在特定的时间内为消费者接受?

在纳入议程的新想法中所包含风险的数量和类型,对于公司选择哪种创新商业模式去实现创新想法并将之商业化会产生根本性的影响。未知的或未经检验的方法、技术或者惯例有可能都是必需的。人们甚至不清楚这种新想法在实际上是否能够商业化,或者这种想法一旦商业化,它是否能够如人们希望的那样运行起来。

例如,在医药行业内开发新产品,其风险是实实在在,而且人所共知。

第二章

当一种新药品没能达到人们期望的业绩时,将会带来一个很大的账面损失,一般会达1 000万美元以上,有时多达1亿美元甚至更多。在2004年下半年,Biogen Idec公司从市场上撤回了其多发性硬化症治疗药物那他珠单抗(Tysabri),原因是这种药物对患者有意外的副作用,并与一种罕见的脑部疾病有一定关系[10]。Biogen Idec公司的公司市值则因此由2004年11月的大约200亿美元,迅速降为2005年的150亿美元[11]。

但是,风险也常常是司空见惯并反复出现的,而且在一种产品进入市场之前很长时间就会出现。例如,吉百利史威士公司(Cadbury Schweppes)在2005年推出了一种新型口香糖,叫做激情三叉机(Trident Splash)。这是公司开发过的最大的一种新产品,这种产品有糖果、口香糖和液态糖果芯三层。然而,据《华尔街日报》报道,在产品的早期制作过程中就存在操作方面的问题——机械设备挤破了小糖球,内部的液态糖芯渗漏出来,制造出来的产品在吉百利被叫做"漏斗"[12]。这些问题延缓了这种新型口香糖进入市场的时间,而这意味着公司不能如愿地迅速达到产品的市场规模。

应用资金曲线评估一个机会潜在回报的规模、类型和时间,可以对风险提供一种前瞻性的视野。三种类型的风险通过不同的途径、不同的时间点对资金曲线产生影响。

技术性风险主要是一个起始阶段的问题(见图2-5)。这种风险将会增加前期投入,并延长新产品和新服务进入市场的时间。市场风险决定了新产品和新服务达到相应市场规模所需要的时间,以及支持费用的数量和需要的时间。执行风险会对整个曲线产生影响。通过观察资金曲线,公司可以从两个方面来改变控制风险的方法。

首先,公司必须搞清楚需要保持的各种平衡,以及这些平衡对于资金曲线的影响。事情常常可以快速、节俭、低风险的进行,但是很少能同时具备这三种因素。管理者必须讨论和决定如何平衡其间的各种选择。

明确以上各种选项对于资金曲线的影响,可以使可供选择的各种办法的作用更加明确有效。

其次,资金曲线可以更加清晰地显示出风险的大小——从前期投入的深度和广度到达到相应市场规模所需要的时间。时间常常是一种风险,而且"时间越长"自然意味着更多的风险。因为竞争者可能采取重大的行动,市场可能会在各个方面发生种种变化,而这些方面的变化会对回报产生影响。

资金曲线的应用可以使风险更加清晰,更加易于管理。资金曲线能够使公司更加得心应手地承担适当的风险,公司从而得到更好的发展。

与之相反,对于相关风险不正确的评估,则会使公司承担过多的风险,并最终导致产生资金陷阱。

图 2-5 三种风险

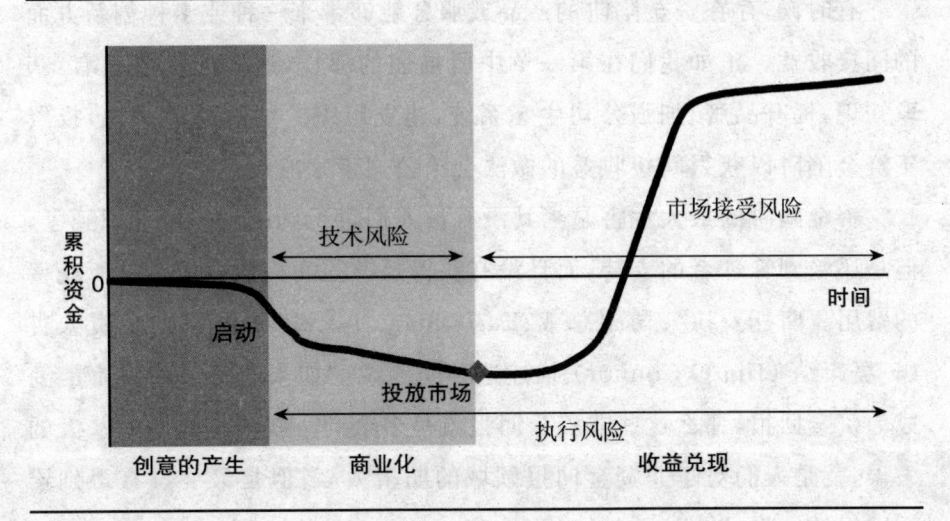

第二章

资金陷阱

三十多年前,波士顿咨询公司的创始人布鲁斯·亨德森(Bruce Henderson)写道:"在大多数公司,多数产品是资金陷阱——这些产品需要的投入永远多于其产生的收益。"[13]这种观点至今仍然正确。活生生的现实(而且常常隐藏着真理)是许多新产品和新服务即使表面上看起来是成功的,但是在其产品生命周期内并没有获得回报。

今天,几乎在每一个行业内,公司都对创新活动进行大量的投资,产品生命周期不断缩短,仿制产品加速削弱原产品的定价能力,所有的一切都使得获得收益比以前更加困难。资金陷阱永远不会产生资金净收益,因为为了保持竞争地位,所产生的大多数收益都不得不再次投入进去。资金陷阱会使公司削弱,并降低其市值。

有时候,存在资金陷阱的产品或服务能够带来一种或多种创新方面的间接收益。正如我们在第一章中所描述的那样,这些间接收益有:获取知识,提升品牌,加强公司生态系统,建立组织。然而总的来说,投资于资金陷阱以获得间接收益的做法会给公司带来麻烦。

资金陷阱的最大危害是当其没有被人们意识到或者虽然意识到了,但是还受到管理者的支持,而且没有获得足够的间接收益以弥补所花费的费用。摩托罗拉公司副总裁、Early Stage Accelerator 部门负责人吉姆·奥康纳(Jim O'Connor)描述这种问题说:"如果非资金回报不能变成为资金回报,那么这些非资金回报就是多余的。我所见过的一些大的失误,就是人们对于非资金回报领域的期望太高,但是最终没有得到资金回报的结果。"[14]

显而易见,有些公司对资金陷阱很注意,而且相对来说能够轻松发现,并快速消除资金陷阱。虽然看起来如此,但是资金曲线,特别是大的资金曲线具有的一些特性,使得消除资金陷阱变得十分困难。对于每一创新者来说,这也许有点儿赌性,而且他们坚信自己的每一个赌注都会赢利——只是时间问题。

协和飞机:一个资金陷阱

尽管协和超音速飞机是航空界的一个标志性发明,而且其先进性也广为宣传,但这是一个资金陷阱。协和飞机拥有先进的外形、下垂的机头和无后掠三角机翼。协和飞机配备有四台具有补燃器的劳斯莱斯Snecma Olympus涡轮喷气发动机,这是一种军用飞机发动机的改进品。协和飞机是第一种商业化的无线控制飞机,飞机可以以2.02马赫的速度巡航飞行。以此速度,协和飞机可以在3小时45分钟内穿越大西洋。当考虑到五个小时的时差时,这意味着协和飞机从伦敦飞抵纽约时,纽约当地时间比其在伦敦起飞时还要早一个多小时。[15]

在20世纪60年代早期,法国和英国的公司分别单独研发商用超音速发动机,但是它们很快发现,研发所用的启动费用将远远超出每一家公司单独的承受能力。因此,法国和英国组建了一家联合体(以国际性条约的形式协商,而不是以商业合作伙伴的模式),并在1962年开始进入实质性合作开发阶段。

最初,对于协和飞机所需投资的评估不到10亿美元,但是实际上最终达到了40亿美元(或者说大约相当于现在的110亿美元)。对于任何发明来说,四倍于前期投资预算的花费,都足以吞噬其潜在的回报,而且协和飞机还用了远远超出计划的时间去扩大其市场规模。从第一架原型机到英国航空公司和法国航空公司(飞机的最初客户)卖出第一张机票,共花费了整整14年。尽管如此,协和飞机的开发者还是希望能够通过与各定期航线合作,建立起全球范围的超音速航空网络,为对价格几乎不敏感的富裕顾客提供服务,并以此来弥补投资。但是,即使在

第二章

伦敦到纽约之间的往返费用达到了 9 300 美元——甚至高于穿越大西洋航班的头等舱费用——时,协和飞机还是需要有非常高的利用率,才能获得其一次飞行所需的资金回报,更不用说弥补其整个投资。法国航空公司和英国航空公司都常常想尽办法减少空座位,不得不将机票打折,或者将一些日常班次从普通班机提升为协和飞机,以增加其飞行航班。

同时,运行协和飞机所需要的最新支持费用对于回报有负面影响。协和飞机的 Olympus 发动机是以 20 世纪 50 年代开发的模型为基础制造的,而在那个时候,汽油价格、噪声、环境问题的敏感性都是大不相同的。虽然无线控制飞行系统是在 1976 年开发出来的,但是操控器和使用仪器很快被传统飞机超越。在 2000 年的一场致命的空难之后(协和飞机遭受的唯一空难),协和飞机搁浅了。尽管后来协和飞机有过短暂的重新服役,但在 2003 年,它完成了自己的最后一次飞行。

对于开发协和的国有(而且是国家资助的)公司而言,飞机的开发几乎就是一个资金陷阱。巨额的初始投入以及向英国航空公司仅仅一英镑的销售价格,每一项都意味着资金曲线不可能上升到盈亏平衡线以上。[16]定期航线、英国航空公司、法国航空公司(在涉足协和飞机的部分时间内,两者都是国有公司),对飞机操作了将近 30 年,而其最好的经营业绩也就是达到盈亏平衡。当然,支持协和飞机项目的公司和政府相信间接收益——特别是公司品牌和国家形象——是十分重要的。

iPod:资金曲线的典型

苹果公司的 iPod 音乐播放器是资金曲线管理良好的真实例子。自从其于 2001 年晚些时候投放市场以来,苹果公司的数字音乐播放器就很快成为历史上最为成功的一款电子消费产品,其业绩甚至超越了先前的超级明星——索尼公司的随身听。

许多人都知道 iPod 曾经是一个市场宠儿,但是在苹果公司成功的背后是什么呢?苹果公司并没有提出一个关于便携式数字音乐播放器的新想法。事实上,在苹果公司之前,市场上就有三四家其他公司有数字音乐播放器产品,包括帝盟公司(Rio 牌 MP3),甚至还有康柏计算机公司(开发出了一种硬驱动的播放器),这种播放器的许多特点与第一款 iPod 相同。

苹果公司鲜明而具有吸引力的外形设计,并不能全面阐明不同款式 iPod 的持续成功。当然,苹果公司曾经经历过太多的失败,即使对于其设计优秀的产品也是如此。在 2000 年,史蒂夫·乔布斯(Steve Jobs)将苹果公司的 Cube Computer 惊呼为"大概是我们生产过的最好的产品"。但是投放市场不到一年后,由于销售不佳,Cube Computer 被迫停产。

iPod 如此成功的真正原因是苹果公司能熟练地管理其资金曲线。iPod 有一个漂亮的几近完美的资金曲线——较少的早期投入、快速进入市场的进程、迅速达到市场经济规模以及投放市场后高额的利润(见图 2-6)。

我们没有足够的内部信息,不能为 iPod 描绘出一个十分精确的资金曲线(我们希望苹果公司的 CFO 已经做了这项工作),但是利用可获得的公共数据和行业标准,我们可以使自己所作的资金曲线接近精确。

首先来看全部销售额。到 2005 年的假期,苹果公司在仅仅四年内就在市场上销售了 4 200 万套 iPod 产品[17]。合计下来,iPod 相关的各种业务(包括 iTunes 音乐存储器)在 2000 年到 2004 年期间,共为苹果公司创造了 70 多亿美元的收入。这是对于 iPod 进行分析得出的结论,但是从 4S 要素来看,还有许多值得学习研究的地方。

首先,苹果公司能够将 iPod 的启动费用控制在较低水平。在长达

第二章

八个多月的开发过程中，不到 50 人的全职项目团队，这个数目与苹果公司将在新的计算机平台开发中的配置水平相当[18]。根据可以获得的公共数据以及相似项目的标准，我们估计苹果公司在 2001 年开发第一款 iPod 时，投入大约在 1 000 万美元。与其相比，苹果公司在并不成功的牛顿个人数字助理产品上花费了五亿美元。

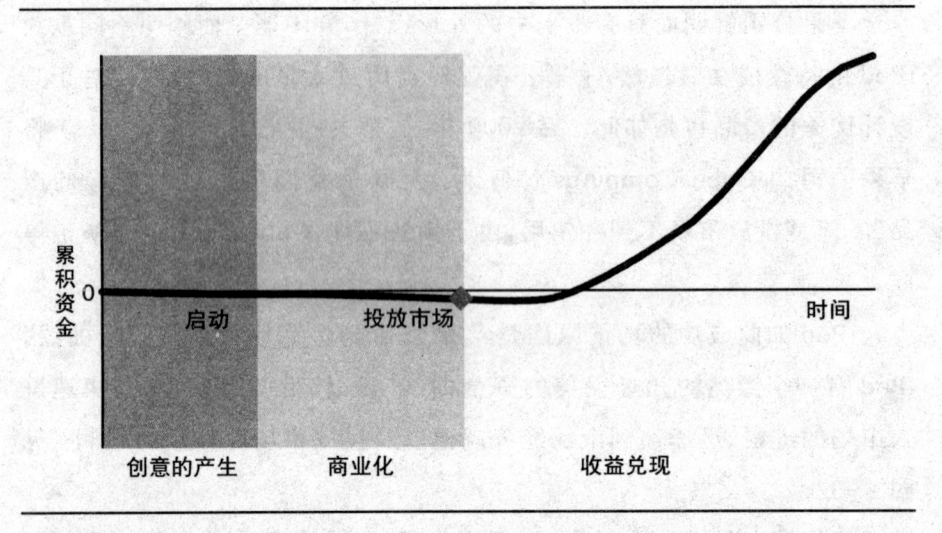

图 2-6　iPod 的资金曲线

其次，苹果公司以不可思议的速度将 iPod 推向市场——不到一年的时间。在 2001 年的春天，史蒂夫·乔布斯让苹果公司负责硬件开发的高级副总裁乔恩·鲁本斯坦（Jon Rubenstein）负责 iPod 项目，并在 2001 年 11 月将产品摆上了商店的货架。

苹果公司怎样达到如此快的速度呢？通常情况下，苹果公司更乐于基于其自身的技术开发产品。然而在开发 iPod 的过程中，苹果公司意识到，在一个常规性设计中进行大量投入并不是最好的选择[19]。相反，苹果公司不但在相关能力和专业技术方面倚重供应商和合作伙伴，还应用了一些成品配件。

苹果公司并没有将其工程师组成一个团队去设计iPod的产品"大脑",而是转而与一个叫做PortalPlayer的小公司合作,这家公司已经开发出了一种程序,而这恰好是该设备的安装驱动程序。苹果公司说服PortalPlayer公司减少与其他客户的合作,转而将全部精力集中到iPod上来。在接下来的几个月里,苹果公司与PortalPlayer公司以及其他重要的供应商密切合作,充实其产品原型设计及其整体设计。

与此同时,苹果公司还投入相当大的精力在其产品系统内发展合作关系,这也促使苹果公司开发出在线iTunes音乐存储器并投放市场。这使得iPod成为可下载数字音乐产品的第一个成功实施的主要案例,并没有侵犯版权,同时使音乐产品供应者、苹果公司以及消费者从中受益。

2001年11月份,第一款iPod产品上市销售,恰逢假期销售季节。苹果公司的促销力量强力介入——包括铺天盖地、极力追捧的广告活动,其间有黑白相间的孔型轮廓产品设计及回旋的iPod音乐。在2001年,苹果公司为产品投放市场在广告方面花费了2 800万美元,2001年到2003年间[20],共在广告方面花费了6 900万美元。产品销售额迅速攀升,资金曲线很快就上升到最佳范围。

苹果公司还采取了一个漂亮的(而且是冒险的)行动去控制支持费用,并且以此创造出投放市场后的利润。在开发过程中,苹果公司与东芝公司这家世界上用于iPod的袖珍型硬件驱动器的唯一供应商达成协议,购买其18个月内产出的所有产品。[21]通过这个行动,苹果公司不但在价格方面获得良机,而且成功遏制了潜在竞争对手的行动以获得与iPod产品竞争的能力。因此,苹果公司能够集中精力培育市场,而不用为了将iPod与其他仿造品差别开来而打拼。苹果公司几乎抓住了全部市场,并且进行高价销售,这些都大大提高了资金回报。

第二章

苹果公司没有就此停下其创新的步伐。在四个月内,苹果公司开发出了下一代 iPod 产品,其容量达 10GB,并继续以开发新附加功能的策略快速扩张其产品系列,包括一种视窗系统版,一种可以演示图片的型号,两种非常小的动画记忆播放器——第一种是 iPod Shuffle 系列,再就是 iPod nano 系列和视频播放版。

所有这些决策对 iPod 资金曲线在 2004 年跨越资金盈亏平衡线都有帮助,并使曲线保持稳定上升趋势。

系列产品中的资金

许多公司有一系列的产品和服务,而且每种产品或服务都有其获利的具体情形。在一家典型的上市公司内,会有少量产品能够产生高额资金回报,并且有一定数量的产品是资金陷阱;其他产品会带来大量的资金,并且常常同时产生一种或者多种间接收益。

当然,对于一家只开发一种产品的公司而言,讨论整个系列产品和服务或许有些抽象,或者是不切题的,或者两者兼而有之。然而,对于开发多种产品和服务的公司而言,讨论产品服务系列是十分必要的事情。在一家大公司内,所有的事情都是相关的——一种发明是否值得推进以及如何推进的问题,要受到许多其他因素及选择性方案的影响。

当没有应用资金曲线决策评估某个创意时,我们会发现回报潜力总是被习惯性地高估。其结果是公司部门内总是充斥着各种最终不能产生预期回报的新产品和新服务,就其整体而言,则不能在创新投资方面产生足够的利润,以使公司达到其增长目标。当发生这些情况时,对公司的创新投资进行重大提高也许是必要的(但是没有必胜的把握),或者探询其他的成长战略——包括兼并、合资或者多种方式的联合战略。

然而,当开发系列产品时,有时管理层过多地关注每种产品的短期资金回报,而对可能带来长期回报的间接回报关注太少。对于获得知识、增强品牌、加强生态系统或者增强组织活力关注的缺失所带来的问题,会像不能产生大量资金回报一样多。

许多部门过于重视短期资金回报,其发展并不面向未来(不论是在资金方面,还是在间接收益方面)。这样做的结果经常是各个部门缺乏能够产生跨越一个会计年度回报的新想法(或者换一种说法是能够超出主管期望主政的年限)。当发生这种情况时,公司会发现自己就像坐在一列过山车上,在获得高额回报后,就迅速跌落至无利可图。

在决策跨越多种创新的资金曲线和部门内资金回报与间接回报的关系时,时间是一个重要的问题。不管从事什么行业,所有的公司都不但需要考虑能够立即产生回报的想法,而且需要考虑那些在未来某个时候会产生回报的想法。公司短期创新与长期创新的相对比例会因行业及公司所处竞争位置的不同而变化。但是建立一个不断产生资金回报的强有力的产品系列,同时重视间接回报,这些都是创新管理过程中非常重要的方面。

第三章　创新的间接收益

金钱也许不是所有的答案。

——西门子公司,克劳斯·韦里奇

答案是肯定的,除了资金回报以外,你还可以从创新中得到其他方面的收益。

当人们得到创新的最终目的是资金回报时,有时他们的反应是担心、惊慌和混乱。他们担心他们的组织不能适当地衡量其创新成就所产生的资金回报。他们感到惊慌,是因为一旦创新的资金回报能够被衡量,这种回报看起来将并不像人们期待的那样好。他们有混乱的反应,是因为对于创新的衡量仅限于资金回报,而不允许用其他方法去考虑创新的价值,比如创造力怎么样？发明呢？动机呢？对于世界有积极的贡献呢？

有时候,公司推动创新并不是因为资金回报。它们用多种方式对其原因进行清晰的表述,如"我们可以学到很多知识",或者"这有利于提高士气",或者"这有利于提高品牌价值",或者"这会使我们的合作者高兴"。事实上,就这些公司自身而言,这些目标也许是正确的。但是如果它们的最终目的是获得资金回报,这些才是创新唯一合理的原因。然而

第三章

司空见惯的是,这些原因被用作推动一个存在问题项目的理由——比如主管钟爱的想法,或者是在公司政治上受欢迎的琐屑小事——或者作为明显没有机会获得回报所做努力的一个借口。

公司可以从其创新活动中长期受益于四种"间接收益":

> 获得知识。创新可以增加公司的知识贮备。
> 提升品牌。创新可以极大地提升品牌。
> 加强生态系统。创新可以影响公司与外界的关系。
> 增强组织活力。对于公司内的员工而言,创新常常是十分有意义的。

然而需要再次重申的是:这些都是收益——具有正面影响,但并不产生回报。除非产生资金回报,否则在这之前,对公司而言它们不具有真正的价值。在公司现在或未来产品的资金曲线或者在影响公司整体业绩的资金曲线上,必须能看到这些收益的积极影响。尽管这些间接收益并不像资金曲线那样容易量化,但是价值仍旧可以用由于这些因素的存在而获得的资金回报来衡量。

获得知识

在创新的核心部分,资金回报与获得新知识的关系是很复杂的。尽管获得资金回报是创新的最终目的,但是从创新中获得资金回报却经常要通过新知识。没有新的知识,就没有创新。

为了获得新知识,公司常常需要在金钱和时间方面进行实质性投入。这种费用会变得十分大,以至于可以非常明显地减少资金回报,甚至会导致产生资金陷阱。获得新知识需要非常长的时间,以至于会两三倍延缓新产品和新服务上市的时间。当一家公司想要开发一种新产品，而同时需要将其商业化的新知识时，这种典型的延误就发生了。由于新产品的产品生命周期缩短了，公司越来越倾向于将赌注压在"未来"上——在实际掌握所需要的知识之前，稳步推进新产品的开发进度，并假想在需要的时候，就能够获得这些知识。

当所需的知识有限或者不太复杂的时候，这种赌博常常会成功。但是当产品的技术复杂性增加，需要产品或方法上的多方面和多种类型的新知识时，这种赌博要冒的风险就大多了。近来，在软件、游戏控制机、汽车以及其他产品开发中出现的明显延误，佐证了商业化新产品的难度，同时也佐证了获取所需新知识的难度。

圣戈班公司研究与发展副总裁迪迪尔·鲁（Didier Roux）说："许多创新来源于很久以前就开始的研究。你常常可以以这种方式叙述事情的经过，那就是你总是认为最近的研究产生了这种新产品。但是当看到某一特定的创新技术时，你常常会发现，关于这种创新技术的首次研究在这种创新上市很久之前就开始了。无论你说什么，也不管人们是怎样想的，许多创新需要大量的时间。如果没有人进行研究，那么在市场上就没有人会获得突破性创新。"[1]

管理所要面对的主要挑战是为获得新知识要投资多少、什么时候投资。有时候，因为公司投资不够会导致产品开发方面更大的延误，生产出有缺憾的产品，或者市场对新产品反应平平。当确信最终会获得大量资金回报时，公司有时也会过度投资。如果回报并未如期而至，过度投资反过来会成为公司的困扰，会限制公司为获得更多新知识（或者向其他重要领域）的投资能力。

获得新知识不但能够使某一种产品或服务产生收益，还能够对公司的所有产品系列产生影响。即使为了某一特定产品获取新知识付出了高昂的代价，并且降低了这种产品带来的资金回报，这种新知识还可以

第三章

延伸应用到公司其他活动领域中去。这种新知识可以应用于提升那些本来没想获利的产品或服务上——并最终产生足够多的资金回报,使得为获得这些新知识而投入的资源物有所值。最终估算一下,知识投资都会产生资金回报。

四种类型的知识会有利于产生回报:

➢ **特殊产品知识**。可以用来开发特殊产品的知识。

➢ **产品相关知识**。这种知识不能用于为某产品解燃眉之急,但是可以应用于公司内的现有产品范畴或者是商业领域。

➢ **新领域知识**。打开一个全新的商业领域或产品种类所需要的知识。

➢ **产品型知识**。通过销售或向其他公司授权,知识本身可以作为一种资产进行管理控制。

特殊产品知识

这种应用于开发新产品和新服务的知识,无疑可以十分从容地获得。这种知识对于回报的贡献是直接的,产生回报的时间是可以计划的。

当开发新产品和新服务所需要的新知识被合理定义时,则获得这种新知识所需要的代价和它对资金回报的影响就可以确定了,而且管理起来难度也不会太大。为获得新知识所需要的投资可以看作是一种启动成本,而其影响则清晰地表现在资金曲线的启动阶段。

例如,考虑一家开发厨房用刀并在市场上进行销售的公司的情形。对于推出的一种果皮刀,公司想开发一种把手,其原料不同于现今任何产品。这种材料现已存在,并已应用于其他产品种类,比如书写工具。但是公司需要关于这种材料的知识,以了解在这次特定应用中,在与其他材料合成时,以及在制造过程中,这种材料将会表现出怎样的特性。

产品相关知识

在获取新知识的过程中,常常需要进行大量的调查、研究、测试工作。而这些行动则会产生大量的信息、知识和经验,其数量超出了正在开发或是推进的特定产品或者服务的需要。但是通过这些行动可以获得新发现,将其中有趣的数据点收集整理起来,就有可能为公司找到一种有可能解决某些问题的方法。

许多公司,特别是那些具有研究能力的公司,不断地致力于获取这些知识,并将其应用于产品和服务中。这些产品可能是已经推出的、正在研发的或者是已经应用于公司产品系列之中,并可以改进或改善的。一个可以确定的事情就是,这些新知识可以在相当短的时间内得以应用,这个时间也许是一年或者是两年,而且这些新知识具有贡献回报的潜力。

对于一家刀具公司来说,相关产品知识也许会包括研究如何将刀刃磨得更快的程序,目的是为了使刀具更加锋利,而且在苛刻的使用条件下,能够使锋利的刀刃保持较长的时间。这种新知识显然可以应用于公司当前的产品系列之中。然而,公司却无法保证可以发现这种程序,并保证这种程序物有所值,或者市场能够接受这种程序。

有时候,为获得相关产品知识的花费,看起来比实际花费要少得多。这是因为这种成本是在较长时间内发生的,而且可能并不被看作是相应特定产品的启动费用(因而常常不会很好地进行跟踪)。但是这些费用会变得实实在在。这就是为什么公司希望员工管理他们的时间,并仔细跟踪为了开发相关的产品知识用于类似独立项目上的资金数量。

新领域知识

通常情况下,一些大型的利润丰厚的公司拥有获取知识所需要投入

第三章

的资源。这些公司相信知识能帮助自己开发出全新的商业领域,以及尚不能确定类型的产品和服务。这种获得新知识的行动将是一个代价高昂的行动,因为这种行动涉及多种未知领域——技术、市场和操作层面。在开发新领域知识的过程中,拥有研发能力的公司会吸纳越来越多的具备商业能力和市场知识的人员。获得这种知识所需要的费用会变得十分高,以至于会使整个生意变为资金陷阱。

比如,假设刀具公司认为激光可以应用于"无刀刃"工具中,以使得人们可以比从前更加精确地切削食物,而且不会有受伤的危险,这就需要新领域的知识。但是这些无法保证激光技术可以得到很好的应用,无法保证一种工具可以应用,并能加工制造出来,保证其能以一种合理的价格进行供应,或者为市场所接受。

其他一些公司会研究更加陌生的领域来寻找可能的新知识,以期产生与其现今业务毫无关系的机会。例如,这些公司在非技术领域的绝大多数投资,只是将投资花费在开发一些不知可否的知识方面,没有一个关于产品的清晰计划来保证这些投资实现其必要水平的资金回报。

索尼计算机研究所:获得新知识的研究所

沿着索尼路,从东日本铁路五反田向东京方向走 10 分钟,路过小杂货店,在这里你能买到法式面粉糕饼;路过 7-11 商店,它的货架上排满了 DVD、焰火、寿司、墨西哥玉米煎饼和冰冻鸡尾酒(广告牌上宣称"外国人喜欢它!");作为参观者,你就会来到高冈市的缪斯大厦,在这里坐落着索尼计算机研究所。

在这里工作的 30 名研究者和科学家,每年举行两次索尼公司内部的新知识和新想法商品交易会。整个公司的员工被邀请参观研究所,观摩产品演示,与科学家交流,并努力判断如何在自己商业领域应用这些想法。计算机研究所于 1988 年成立,成立时的目的只是集中研究与计算机科学有直接关系的问题,比如网络和程序语言。从那时起,研究所的业务范围有了很大的扩展,其相关研究围绕脑科学、生物系统和意识机制开展。索尼计算机研究所的总裁马里奥·特克罗(Mario Tokoro)说:"得到一个成果需要多长的时间呢?大概要5到10年吧。"[2]

在索尼公司一次内部新知识展览期间,我们参观了索尼计算机研究所。我们看到了展览上展示出的一种无线技术,在家中,它可以使信号传输定位十分精确;我们还看到一种音乐系统,它可以使带着数字音频播放器的人们在走向对方时,将不同的配乐合成为一首混音音乐作品;还有一对机器人的感觉系统使得它们即使在一个拥挤的房间中也能找到对方,就像是一对21世纪的自动化型罗密欧和朱丽叶。尽管这些技术原型都没有转化成产品的必要,但是它们都包含着令人好奇的新知识。

索尼公司的计算机研究所全面致力于获得前面讨论过的所有类型的新知识——特殊产品知识、产品相关知识、新领域知识。正如特克罗告诉我们的,研究所的一个主要任务就是开发知识,以使其产生"对索尼现今产品的贡献。一个例子就是触感'G-官能'面板,它可以应用于控制VAIO袖珍式硬盘驱动便携音频播放器。我们还开发了一种PO Box(基于实例的提前操控系统),以及一种对我们一些VAIO模型的日语输入提供支持的软件"。计算机研究所的研究人员还致力于开发具有"开发新生意和打开新的商业领域"潜力的新知识。从计算机研究所得到的新知识,在索尼公司开发网络产品、VAIO计算机和游戏站等方面扮演着重要的角色。

我们在计算机研究所看到,不能产生特定产品的新知识能够提升未来发明创造的资金曲线。特别情况下,通过应用先前开发的知识,能够降低开发新产品时所需启动投资的水平。公司还可以避免同时开发知识和产品的问题,这样可以提高产品上市的速度。

第三章

知识方面资金回报最大化

尽管没有新知识就没有创新,但是这并不意味着索尼公司计算机研究所以及世界上其他公司类似机构获得的那些新知识可以为公司带来资金回报。事实上,许多新知识很快就被应用于更加广阔的行业,并且快速地商品化,结果将公司想要获得的竞争优势(以及回报)弱化了。

这就是为什么对于公司而言,保护其获得的知识是如此重要。竞争者会快速地应用已经进入市场但是还未受保护的所有新知识。其结果是公司在新知识方面的投资,事实上变成了业内的慈善事业。

除了常见的(虽然常常很复杂)保护知识的方法外——专利和商标——还有其他保护知识的途径,其结果是新知识可以带来资金回报。

限制可获得性。美国的第二折扣连锁店塔吉特(Target)出售一系列具有创新性的产品。这些产品由著名的设计师开发,包括艾萨克·米兹拉希(Isaac Mizrahi)(服装),埃米·科(Amy Coe)(儿童被褥及其附属品),里兹·兰格(Liz Lange)(孕妇用品),莫西姆(Mossimo)(少儿时装)和迈克尔·格雷夫斯(Michael Graves)(家用器皿),这些产品在任何其他商店都买不到。实际上,塔吉特在其设计合作伙伴的知识上进行了投资,并且认定这些投资会赢利,因为公司能够控制产品在哪里出现以及如何出现。

塔吉特投资于具有特定市场、产品和消费者知识的开发者,以开发和销售限制供应产品,这种措施对于公司的回报有很大的贡献。塔吉特是为数不多的能够成功与沃尔玛竞争的零售商之一。而沃尔玛是一家渠道创新比其产品创新更加闻名的零售商。

保护杰出的天才。一些公司认为某些人特别精通于获取和开发新知识,因此就会在雇用、挽留和培养这些人才方面进行大量投资。物质激励是公司凝聚天才所用的十分有用的机制,但是还有其他措施,包括弹性工作制、获取资源的机会以及公众或同行的认可。

微软公司在其早期就用大量的职工优先认股权吸引编程高手。微软公司于1989年上市，并不是因为公司需要资金（公司当时的税前利润是34%），而是因为公开发行上市，是为早期职工所受赠的公司股份提供一个流通市场的最好办法。[3]这使得职工如果愿意的话，就能够卖出一些股份从而实现资金收益，并且仍旧能够与微软公司共进退。这也使加入微软公司对于那些具有竞争性选择的天才人物更具有吸引力。

将知识进行包装。如果一项发明有着特点鲜明、独一无二的设计或者商业形象，那么它就会受到商业包装法的保护。产品的特殊功能受到专利法的保护；商业包装法为产品的非功能性特征提供了法律保护。例如，卡拉威高尔夫球公司的大贝莎（Big Bertha）高尔夫球俱乐部刚进入市场时，并不是第一家特大型高尔夫球俱乐部，但是该俱乐部却在材料及其合成方面有几个方面的改进，并可以申请专利。该俱乐部还有一种独特的设计，使得球杆质量大大减轻，最为重要的是这种改进一眼就能看出来。

卡拉威公司的创建者埃利·卡拉威（Ely Callaway）认为大贝莎俱乐部拥有的新知识十分有价值，以至于他为新知识的专利和商业包装都申请了保护。为了进一步阻止潜在的模仿者，卡拉威不对设计进行特许经营，不通过合作伙伴销售其产品。其结果是，卡拉威俱乐部被人们视为一家富于创新的公司，并成为高尔夫球俱乐部、高尔夫球和运动装最重要的供应商。虽然最终还是出现了大量的模仿者，但是卡拉威却在相当长的一段时期内享有业内最高利润。

将新知识作为一种商业秘密进行保护。皮克斯动画工厂（Pixar）是在计算机动画电影方面取得巨大成功的制片商，其作品包括《玩具总动员》（1995）、《虫虫危机》（1998）、《海底总动员》（2003）和《超人特工队》（2004）。皮克斯动画公司开发出了渲染引擎 RenderMan，这种引擎使

第三章

得在物体（包括演员）设计上，能够连同其他程序一起来达到逼真的质地和灯光效果。

2000年，皮克斯的四名员工辞职后组建了意克路娜（Exluna）公司，并开发出了一种叫做Entropy的渲染程序。[4]意克路娜公司的这种很具竞争力的程序定价仅为RenderMan的三分之一。2002年3月，皮克斯公司起诉了意克路娜公司，罪名是不当占有商业机密、侵犯版权和专利权。虽然RenderMan应用的是公开标准，而且一些计算法则也发表在科技期刊上，但是皮克斯公司认为关键技术在应用并合成到产品内时，是以一种独特的方法使其受到法律的保护——不是以专利的形式，而是以商业秘密的形式。2002年7月，两家公司达成了庭外和解，意克路娜公司答应不再向任何新客户出售Entropy程序。[5]

将知识当作产品

即使新知识不能应用于公司当前的任何产品，而且看起来也不会对于将来任何新产品或商业努力有用，但是仍然有其价值。新知识可以对资金回报产生影响——通过出售或者特许其他人使用这些新知识。事实上，知识都可以成为产品。所有的行业都有快速增长的知识需求，并都将知识作为一种获取竞争性优势的资源。社会上也有了一个行销、贸易、保护及接受智力财产的基础性组织体系，这个体系是全球性的，并且十分成熟、严密。

作为这个知识的初级市场的一个特殊影响，对于公司来说一个变得越来越重要的问题就是，公司不但要知道如何开发其内部能为其创造竞争优势的知识，还要知道如何去开发外部的知识资源，出售贮备的知识（卖给那些想应用这些知识确立自己地位的客户），同时还要知道如何去保护自己（我们将在第六章讨论这种获取资金回报的模式）。

提升品牌

通过与创新相关联,可以提升公司的声誉和品牌。

然而,正如知识一样,评估一个品牌的收益,必须最终落到资金收益上来,这种收益必须包括以下三者之一:

➢ **溢价**。公认的创新型公司可以将其产品和服务的价格定得比竞争对手高。这样,带来的资金量就不断增加,就可以使得资金曲线快速通过盈亏平衡线。

➢ **更大的规模**。不管是不是初次进入市场,那些具有创新精神的品牌公司会对竞争者有潜在的帮助,即使这些竞争者更早地进入了市场。这可以缩短公司达到规模效应的时间。

➢ **更好的可接受性**。在进入新产品和新服务领域时,创新品牌比起一个人们认为比较传统的品牌要更加容易。消费者期望创新品牌能够涉足新领域,以在未来获得成长。而且消费者更愿意跟随这些创新品牌进入未知的领域。消费者对于创新品牌的接纳能够帮助新产品快速达到经济规模。而且因为在促进消费者购买这些产品时,不需要太多的说服和教育工作,所以消费者的接纳还可以降低这些新产品的支持费用。

溢价和大规模生产:三星是如何建立一个创新品牌的

10年以前,当消费者想到三星这个品牌时,常常是便宜、劣质、仿制电子产品的代名词。2005年,在《商业周刊》关于世界100个顶级品牌的调查中,三星被评为电子消费产品的世界第一品牌。三星通过专注于数字融合领域的创新而建立了品牌。在这个领域中,其他一些公司也致

第三章

力于通过创新建立品牌,但是没有几家公司像三星公司做得那样好。

三星公司的成功根植于"新型的管理哲学"。1993年,公司总裁李健熙(Kun-Hee Lee)首次清晰明确地表述了这种管理哲学。1997年,随着亚洲金融危机的爆发,这种哲学再次被提出来。这种管理哲学有一些关键性原则,其中四个原则对于品牌有直接影响:

> **质量胜过数量**。我们有一次到韩国三星公司参观时,公司员工告诉我们一个至今仍然十分著名的事件:1995年,当时董事会主席得知,他作为公司新年献礼而发放的手机有缺陷后,就命令工人们将价值5 000万美元的手机在工厂的院子里堆起来,压碎并烧毁。李健熙及公司其他管理者坐在一个"质量是我们的骄傲"的标语下,观看了整个处理过程。[6]

> **创新管理**。为了加强其创新能力,三星公司在研究开发方面加倍投入。在过去的几年中,三星公司不断增加在研究开发方面的预算,现在每年投资达50亿美元。几乎没有几家大的科技公司在研究开发方面进行如此高额的投入。

> **市场领先者**。三星公司发誓在涉足的市场中成为领导者。结果,在数字及相关产品的大型电子公司中,三星公司成为领先的、最有雄心的公司。"数字产品市场现在是实实在在地存在的,但是在1997~1998年,这个市场的发展很不正常",三星公司品牌战略、全球市场业务部副总裁李善洪(Lim Sun Hong)回忆说,"那时数字产品几乎只是未来的一个概念。"[7]

> **提升价值**。三星公司迅速放弃那些利润不会增长,或者不被人们看作是创新的产品和生意,因为这些产品和生意无助于提升公司的品牌。"去年",李善洪说,"我们从录像机市场中退了出来,虽然在这个市场我们还可以赚钱。"虽然制造录像机在人们的心目中已经

不再是创新,但是很少有公司为了品牌而停止销售有利可图的产品。三星公司却这样做了。

随着三星公司品牌价值的提升,三星公司可以溢价销售其产品,同时还可以获得较高的销量。在2003年北美射线电视机市场上,尽管三星公司所销售的电视机价格高出许多,但其销售额却首次超过索尼公司。[8]三星公司甚至在存储器片方面也定价稍高,而存储器常常被视为有真正创新价值的日用产品。[9]

其结果是,三星成为二十个最有全面价值的品牌之一,在八个方面超越了索尼。在过去的五年中,三星在品牌价值提升方面超越了其他所有的全球性品牌,进入了包括中国在内的利润丰厚的新市场。"在中国",李善洪说,"即使收入不高,年轻人还是设法购买三星产品。三星已经成为地位的象征。"

更大的认可:进入新领域

戈尔公司(Gore)被认为是一家高度创新的公司,该公司已经进入其传统生意以外的领域,而其品牌的力量则帮了相当大的忙。

戈尔公司闻名遐迩的产品是戈尔特斯(Gore-Tex),这是一种防水、透气的布料,可以广泛应用于制作各种服饰,特别是外套。自1958年公司成立以来,戈尔公司将其技术应用于各种类型的产品中,包括电子信号传送线,织物层压材料,医用灌输用器,牙线以及膈膜,过滤器,密封剂和多种行业的光纤技术,品牌的力量帮助它们度过了早期的艰苦探索阶段,并在公司以前很少,甚至从未涉足的领域迅速为市场接受。

品牌转化需要勇气

就像产品的收益一样,创新所产生的品牌收益,常常能够帮助公司提升不同系列产品的资金曲线。但是,以建立或者改变品牌地位为其长

第三章

远目标的创新投资,并不是因为缺乏创新的勇气。品牌创新十分重要,不管是在商家对消费者的舞台还是商家之间的竞技场,品牌都是立足于业绩的。品牌认知会产生相应的结果,反之则不然。有时候,一家想让人们将自己看作是富于创新的公司,在获得可以支持其论点的任何成果之前,就宣称自己已经是创新型公司了。这种宣言只会使其管理看起来十分愚蠢,并对品牌造成伤害。

加强生态系统

没有一家公司的管理是自我封闭的,特别是在现在这个竞争全球化、互相连通、市场全球化的年代,更是如此。每家公司都是生态系统的一部分,是不同组织和实体组成的网络的一部分(而且有时常常是特殊个体或者公共组织),在这里,这些参与者也许依靠、支持网络中的其他参与者,或者与其他参与者共生于这个网络之中。同样,各个公司必须与生态系统中其他公司的需求和愿望协调一致,因为这种强大的关系所提供的利益是巨大的,但是如果处理不当的话,它也将存在相当大的缺陷。

一家公司与其竞争对手分享一个生态系统是非常常见的事情。销售商和供应商就是例证。这些参与者共有的基本要素都有价值,但是又都是有限供应的——管理者的精力、培训空间、货架位置以及其他。因此,公司之间的竞争不仅是在客户终端(产品或者服务销售的地方),而且在生态系统内——在需要的时候,得到你想要的。而且这种竞争常常是一个零和游戏。任何事物都只有一定数量的供应,如果你得到了,不管"它"是什么,那么你的竞争者就得不到——反之亦然。

一些公司成功地应用创新加强了它们的生态系统,而其效果则常常是通过其他途径难以达到,或者成本昂贵而令公司难以承担。创新可以通过以下三种渠道加强生态系统关系，提升资金回报：

➢优先选择。一家专注于创新的公司，会得到生态系统内合作者的青睐，而竞争者则得不到。
➢排他性。富于创新的公司能够发展排他性的生态系统关系。
➢标准。富于创新的公司可以得到对其有利的行业标准的支持。

优先选择

创新通过向创新型公司提供优先选择的渠道，可以对生态系统提供直接帮助。这种帮助有多种表现形式——例如，与消费者打实际交道的销售商对这些公司在管理上更多地关注，或者通过更多渠道进行交往。原始设备制造商（OEM）的工程组织，会给那些被认为是OEM供应商中最富于创新精神的公司以优先选择的机会。公司里的工程技术团体会对富于创新的公司进行优先选择，因为它们认为如果有需要的话，创新型供应商能够提供最为先进的帮助，而这样的话就会减少原始设备制造商的工作量。

在这些情况中，创新带来了重要的生态系统收益。当然，同样的收益常常也可以通过常用的方式获得——购买。这些方式恰恰是一家创新公司的竞争对手们常常不得已而采取的，而创新者则获得了优先选择的机会。优先选择对于资金曲线有重要的、多方面的影响。例如，如果你的汽车公司被认为是富于创新的，供应商会用最先进的技术与你交易。这样就会降低你的启动费用，因为为了将自己的产品安装到你的一个汽车平台上，供应商常常愿意承担更多的费用。而且在一些行业里，如果销售商认为你的公司富于创新，那么你的支持费用就会降低，并且产品会很快达到经济的市场销售规模。

林德公司（Linde）是一家物资运输设备制造商。公司决定为其叉车投资开发一种新型的驱动轴承，并且期望独自获得生态系统的收益。开

第三章

发产品的启动费用很高。林德公司知道从这种产品创新中不会获得额外的收益,因为叉车的最终用户在使用叉车时,只会发现很小的差异。

然而,林德公司却基于另外的一个理由认为这是一个好的投资——对于向最终用户销售叉车的经销商来说,轴承的这种改进会使情况大不相同。林德公司很了解公司的经销商,并且知道大部分叉车长期租赁给了用户。这就意味着叉车还是经销商的,这样经销商就要自己支付叉车的维护费用。而且显然这些经销商会非常关注叉车构件能使用多长时间,修理叉车需要多少劳动力。轴承的改进有助于延长服务维护间隔,从每使用500小时维护一次,延长到每3 000小时维护一次。

通过降低经销商保有和修理叉车的费用,林德公司直接提高了销售商的利润,也提高了自己的利润。林德公司由此稳固了与经销商的关系,经销商现在也更乐于购买林德公司的机器,并将这些产品推荐给它们的客户。经销商的这种优先选择是极其重要的,因为林德公司的产品比竞争对手的产品要复杂得多,价格也高,而这意味着林德公司的产品在销售时,需要经销商更多的支持,投入更多的精力。正如斯蒂芬·林克(Stefan Rinck)向我们提出的,"这就是我们为经销商着想,以提高它们利润空间的例证。最终的结果是,使经销商享有良好的利润空间,并乐于与我们合作,这对于我们是十分有利的。如果它们能够得到较高的利润并乐于与我们合作,那么它们就乐于在培训销售人员方面投资,也乐于在其他有效地销售我们新产品的有关需求上进行投资"。[10]

排他性

在生态系统中得到优先选择是十分理想的,但是排他性更强有力。许多公司想通过应用自己的创新能力去确保获得分销渠道或者是消费者群体,或者兼而有之。

例如,惠而浦公司以Kenmore品牌多年向西尔斯公司独家供应洗涤产品（洗衣机和干衣机）。西尔斯是美国最大的电器销售商，拥有一支训练有素的销售队伍，并且，多年以来西尔斯公司在其他行业消费中所占的份额也在不断增加。西尔斯公司所拥有的品牌 Kenmore 则是美国最大的电器品牌。[11]

惠而浦公司由于诸多因素（其中极其重要的一个是创新能力）而能够成为西尔斯公司的独家供应商。其他公司也想在西尔斯公司的生意上分一杯羹，但是惠而浦公司所具有的为 Kenmore 品牌不断推出行业创新产品的能力，使其能够保住西尔斯独家供应商的地位。对于西尔斯公司来说，它也是赢家，因为西尔斯公司可以不断得到创新产品，同时不需要自己研发。惠而浦公司也从中获益，因为可以确保稳定可靠的销售。因为在西尔斯公司销售，惠而浦公司的新产品和新服务以极快的速度达到规模经济。这就为这些新的项目带来了很有吸引力的资金曲线，而获得这种市场规模的能力也帮助惠而浦公司打造出惠而浦这个品牌，并确立了这个品牌在消费者心目中的地位。同时，西尔斯公司对于 Kenmore 品牌的独家销售支持，也帮助惠而浦公司降低了在产品支持费用方面的投入。

标准

强大的生态系统关系可以帮助创新者开发并保有行业标准，而这对于资金回报来说，是一个十分有力的贡献。行业标准可以通过提高产品的销售量或者通过对所开发知识使用的特许而提高资金回报。

例如，索尼公司和东芝公司都开发了能够成为下一代光盘系统标准基础的技术。索尼公司的蓝盘技术比东芝公司的存储空间更大一些，而东芝公司的产品则制作起来简单，制作费用较低。两家公司都力图使生态系统中的其他成员——包括硬件制造商、计算机制造商、光盘内容供应商和零售商的商品演示者——来支持自己的技术。

第三章

获取支持的过程超出了商业条款和销售关系的范围,影响了技术自身的设计与开发。例如,索尼公司将防止非法拷贝以及将内容存入个人计算机的技术应用于蓝盘产品。光盘内容供应商,如电影和电视制作商十分青睐这项技术,并对蓝盘技术提供相应的支持。索尼公司还宣布将其蓝盘技术加入到下一代 PS3 中,而这就会扩展蓝盘技术装备的数量。这些步骤以及其他步骤的结果是,索尼公司列出一个蓝盘技术支持者的大名单,包括七个主要电影制作商中的六个,同时包括飞利浦公司、日立公司、松下公司、夏普公司、三菱公司、三星公司、先锋公司、胜利公司、戴尔公司、惠普公司和苹果公司。[12]

除了索尼公司和东芝公司销售新产品的资金曲线外,开发出行业标准的公司可以通过特许使用这些标准,以进一步获取回报。特许使用这些标准成为以较低的支持费用获取额外利润的另一项业务。通过特许使用这些标准而产生的第二个资金曲线,使得开发新标准的能力看起来十分有吸引力。

加强生态系统而进行创新的风险

创新所面临的挑战和产生生态系统回报是一种平衡。帮助生态系统中的其他成员获得大量回报是件容易的事情,但是这对你自己来说将是一笔无法预料的大开销。要确保创新产生的生态系统的回报,就必须仔细斟酌并平衡可以带来资金回报的优先选择、排他性或者行业标准。确保生态系统中的成员明白你的行动代表它们的利益也是十分重要的,这样你就会获得它们的回报。

组织的活力

有时候,一个特定的发明,或者是一个项目创新的最终目标,是使开发新产品和新服务的组织受益。在这种情形下,资金回报的成果不应来自某个特定的发明或程序,而应来自于这种发明或者创新对于组织长期而深远的影响。当然,应当注意的是要准确判断,组织的受益如何影响公司产生资金回报的能力。我们常常能够看到一些公司为了组织的收益而从事一种新产品和新服务的开发,但是没有很好地考虑这种开发是否确实会提升公司创造回报的能力。

通过创新,主要可以获得两种组织收益:

➢信心。创新可以使组织成员对于自己在获得回报方面的能力充满自信,另一结果是使组织成员更乐于尝试有吸引力、有风险的各种机会。

➢吸引力。有创新想法和观点的人常常乐于为富于创新的公司工作。

信心

尽管有时不是十分明了,但组织收益是实实在在的。当一个组织富于创新,并在开发人们需要的新产品,人们对这种新产品有购买欲望时,这些组织就常常会有备而来,并能够识别、尝试那些缺乏自信的组织回避的项目。当人们自我感觉精力充沛、强有力的时候,他们就会开发具有高风险高回报资金曲线的新产品和新服务。如此不断重复,进一步建立信心和能力,他们会乐于一次次的体验创新的过程。随着时间的推移,从学习和多次尝试中获得的益处使得公司的创新更快、更坚定,并且更加成功。

有吸引力

创新可以使组织成为一个更能吸引、激励和留住人才的地方。

第三章

员工并不是使财富最大化的机器。当然，资金回报也许是许多公司"获胜"的最终标准（至少在股东的眼中是这样的），但是通常情况下，这不是多数员工的标准。员工愿意成为这种公司的一员——公司对于开发某件优秀产品有贡献，在社会上有影响力，并希望自己在公司中是一个有用的角色。对于一些员工来说，成为创新型公司的一分子满足了他们的这种需求。

加拿大庞巴迪航空公司（Bombardier）是在火车及其他产品制造方面处于领先地位的一家公司。多年以来，庞巴迪航空公司并不被人们看作是一家富于创新的公司，现如今，它正在转变自己的形象。庞巴迪航空公司的副总裁、首席技术官埃克·温伯戈（Ake Wennberg）对我们说，"对于公司内部以及员工而言，创新非常重要。我们想让员工将公司看作是一家年轻人的公司、一家具有创新形象的公司。许多人认为我们的公司模式老化，非常传统，但是实际上我们公司面临极为重大的发展。我们需要创新型人才。我们开始讨论怎样才能使公司更加富于创新。怎样确保我们产生真正的好想法？怎样才能使我们的管理程序有利于鼓励员工提出创新的观点？为了公司内部管理的目标，我们开始做这方面的工作。当然，我们也希望最终能够看到这些工作的经济收益。但是它首先始于讨论——怎样让我们内部的员工将公司看作是一家创新型的公司？"[13]

以创新产生组织收益需要面临管理方面的挑战，这些挑战就是什么时候，在什么程度上，保证管理方面某种努力的主要目标是获得那些收益，而不是资金收益的最大化。

创新项目可以建立自信

通过开发一种卓越的创新产品来鼓舞组织的想法——即使它不能产生多少资金回报——为世界上许多行业的公司所采用。

德国采埃孚萨克斯公司是离合器、减振器和其他汽车零件的制造商。这家公司在生产赛车产品方面投入了大量的时间和精力，包括 F1 方程式巡回赛的赛车。这些赛车以每小时超过 180 英里的速度比赛，需要依靠极为先进的空气动力学、电子学原理以及机械合成。采埃孚萨克斯公司参与 F1 赛事并不仅仅是为了资金回报——还为了组织收益和获取新知识。

"创新对于我们内部而言是一桩大买卖，"采埃孚萨克斯公司管理部成员彼得·奥汀布拉茨（Peter Ottenburch）说，"我们希望通过我们在 F1 赛车方面所做的工作，能让人们认识到我们公司富于创新精神的企业文化。我们想确保我们公司在人们心目中的形象，是在做有趣的事情，对于年轻的工程师和技师来说，我们公司是一个工作的好去处。让工程师加入到 F1 赛车团队也是有益的，因为这是公司发展中一个完全不同的尝试。在 F1 赛车创新中，项目进展是以小时计的，而不是以周或者月计时。因此，对于问题的尝试和创新的过程十分有趣，因为这种挑战迫使员工以一种不同的方式思考，并期望以一种完全不同的方式想象事情会是怎样的。"[14]

应用特定项目创新来激励员工，并且凝聚组织成员，并不仅仅限于高科技公司。

2002 年，塞缪尔·亚当斯·波士顿熟啤酒的生产商波士顿啤酒公司开发了一种叫做塞缪尔·亚当斯·乌托邦斯（Samuel Adams Utopias）的啤酒。这是一种具有世界最高酒精浓度的啤酒，酒精度达到难以置信的 25 度，而普通啤酒的度数只有五到六度。尽管乌托邦斯啤酒费用昂贵，而且看起来也不会有太大的销量，但是波士顿啤酒的创始人吉姆·科克却决定通过开发这种啤酒，获得多种间接收益——获得知识、提升品牌，并提升组织的活力。

乌托邦斯啤酒的开发过程始于 1993 年塞缪尔·亚当斯三型黑啤酒，

第三章

　　这是一种酒精度达 17 度的啤酒。波士顿啤酒公司将这种啤酒酿造出来,然后送往一个古老的葡萄酒酿造厂。科克用各种各样的酒桶做试验,首先用最早于波旁王朝时代使用的一种酒桶,然后用从欧洲进口来的葡萄酒桶和白兰地酒桶。熟化完毕后,将三型黑啤酒运往酒瓶厂,在那里装入钴制蓝色瓶子内(绘有 24 克拉的金叶字母),并用葡萄酒瓶塞塞住。这种三型黑啤酒每套售价 100 美元,是传统啤酒售价的四倍,而且销售得很快。

　　三型黑啤酒使人们认识到,一种创新产品可以突破任何价格天花板,并为更高度啤酒的开发扫除了障碍。乌托邦斯啤酒已经有 14 年的历史了,每瓶售价为 100 美元。自从投放市场以来,波士顿啤酒公司每年都能将公司生产的 8 000 瓶乌托邦斯啤酒销售一空。尽管产品经营的最好状况也就是处于盈亏的边缘,科克说其收益来自于公司从开发一种啤酒获得的自豪感,来自于公司开发出一种全新的高酒精度、长酿制期的"极端不同的"啤酒的自豪感。

　　乌托邦斯啤酒成功的另外一个影响就是促使公司制度得以创新。雇员期望通过每年推出一种新的啤酒(比如巧克力黑啤酒)来获得他们每年的奖金。另外,科克说极端不同的啤酒产品使组织内的合作得以加强,因为为了成功开发新产品,酿造专家和市场销售人员就要一起进行合作。

将组织的收益转变为资金

　　正如采埃孚萨克斯公司和波士顿啤酒公司所得到的那样,为了间接的组织收益而进行的创新或许不一定带来有吸引力的资金曲线。但是组织信心、员工士气以及在一次创新尝试中获得的能量,会从多方面帮助改善其他创新活动的资金曲线。

　　例如,组织会变得行动更加迅速,而不会犹豫不决、优柔寡断;组织会变得更加高效,而不会将过多的精力和资源浪费在犹豫和错误的决策上;组织会变得更加无所畏惧,更加乐于向当前的约束发起挑战;组织在创新方面会变得更加知识丰富,操作熟练。而且组织常常能够产生更好的想法。所有这些特点都能够降低启动一个新产品和新服务的前期投入,使其加速进入市场,缩短达到规模经济所需的时间,降低其支持费用。所有这一切都提高了资金回报。

通过减少其他方面的花费,组织收益也可以转变为资金。就像替代有价值的雇员所花的费用那样,吸引和留住人才的费用不断上升。今天一些大公司所面临的一个大问题是其他看起来更富于创新精神的公司(常常是一些小公司)对于其员工的争夺。一些数据表明,在计算机、软件开发、在线行业的一些大公司不得不为了留住自己的员工而天天奋斗,即使股票市场不再将这些公司的启动投资看作像是买彩票的情况下也是这样。富于创新的名誉对于吸引员工来说是极有价值的。

另外,具有强大创新声誉的公司,没有必要向员工提供自己行业内的顶级薪水。也有为数不多的几家高度创新的公司,以提供行业内顶级薪水和收益而闻名。这也会帮助公司降低成本。

树立公司信心,提升公司吸引力,加快组织运行速度,减少管理成本都是创新所产生的组织收益十分重要的方面——因为它们都能够带来回报。

在资金和间接收益之间保持平衡

当一家公司考虑可能由新产品和新服务产生的潜在间接收益,以及这些间接收益什么时候,以何种方式产生资金回报时,可以说无章可循。问题在于如何决定公司及其部门现在最需要的是什么,未来需要什么。或者换句话说是管理判断的问题。

第三章

评估任何一项发明对公司及其部门可能产生的影响，很少能直截了当地得出结论。当你确切地知道是什么事情，以及这种事情如何在回报中获取相应的平衡时，回报结果的准确时间是清晰的，这个时间就是当公司需要将资金投入其他的项目中，以确保该项目能够继续运行或者继续生存下去的时候。

如果公司投资于"无资金回报"的项目，有一件事情是非常重要的，那就是尽力确保新产品、新服务真正能够创造出期望的间接收益，并且最终证明是有价值的收益。在这中间包含有一些本能和直觉，但也需要对这些收益如何产生资金回报进行仔细思考。提高士气能够使公司更加成功地处理目前一些重要的挑战吗？对于目前正在开发的一种突破性产品来说，提升品牌对于这种产品投放市场十分重要吗？然而大多数情形是，一种间接收益听起来很好，但是却以对于公司获得回报的能力没有任何影响而结束。

在当前正在开发的产品和服务系列的事前和事后，需要对通过创新而获取的间接收益进行决策。一件十分重要的事情是，分析整个产品系列资金回报潜力，然后思考每个项目的间接收益对即时资金回报以及未来资金回报的贡献。这意味着：

➢ 澄清每个项目中与间接收益有关的目的。
➢ 仔细跟踪与直接资金回报无关的项目投资。
➢ 评估结果。项目如何为公司的创新能力在数量和质量方面作出贡献？

尽管在没有太多考虑其产生资金回报的能力的情况下，公司常常会追求间接收益，但也会开发出不能产生足够的间接收益的系列产品和服务。对于获取知识、提升品牌、加强生态系统或者激活组织缺乏关注，会

创新的间接收益

像资金回报匮乏一样带来很多麻烦。

对于间接收益缺乏关注的一个原因是，当根据其产生非资金回报而选择一种创新想法时，常常需要具有足够影响力、权威性或者说服力的斗士去促使组织接受这种想法。但是在公司内，具有这种坚定信念和力量的人却是寥寥无几。

摩托罗拉公司的吉姆·奥康纳(Jim O'Connor)这样形容这种观点：一个高级主管必须尽力推进一个产生的间接收益可能会多于直接资金收益的创新想法。这个斗士"必须这样认为，如'在当前情况下，这种新的想法不会为我们带来好的财务回报。我不能保证这种新想法在未来几年的赢利情况，但是我乐于冒这个财务风险。我们需要学习和了解一些事情。如果现在不在这方面投入的话，我们也许会彻底出局'"。

第二部分 选择最佳创新模式

PAYBACK

第二部分

创新商业模式共有三种：一体化创新模式，整合创新模式，特许经营创新模式。模式的选择对于公司成功地从新产品和新服务中获得回报有着戏剧性的影响，而且还会决定在创新过程中，回报、间接收益以及风险如何在各个合伙人之间分配。

没有单纯的所谓"正确"或者"最好"的创新商业模式。只要应用适当，所有的创新商业模式都会产生回报。许多大型公司根据项目及公司市场的情况，同时应用三种模式。模式的选择应当清晰明确，而不是含糊默认，并应当时常回顾总结，在另一种不同的模式会提升回报时，应当改变选择。

在第四章中，我们将会看到，为了对创新过程中的各个方面保持最大的控制，并获得最大回报，一些公司选择"一切事情都自己来"。因为一体化创新公司投入很大，也承担了大部分风险。

在第五章中，我们检验了整合创新这种颇受欢迎的创新协作方式。整合创新模式并不是外部采办，而是需要一种与一体化创新模式截然不同的管理模式——主要是网络关系的管理。整合创新公司与合作伙伴共同分担风险，分享回报，但是却面临与一体化创新公司不同的风险，包括合作者可能会变成竞争对手的风险。

在第六章中，我们将阐明越来越多的公司如何选择通过特许经营获得回报，在这个过程中，公司不必为创意的商业化而进行投资。

第四章 一体化创新

引擎是神圣之地。

——宝马公司创新推进主管,马丁·厄特尔

人们把慕尼黑外这些玻璃和磨光金属搭建的场所叫做 FIZ (Forschungsund Innovationsze-ntrum),在这里,约有 7 000 名工程师、原型开发人员、计算机专家以及跨多种学科的科学家在一个巨型建筑内一起工作,为宝马公司的未来进行研发。

当我们参观 FIZ(因宝马集团的研究开发中心而远近闻名)时,我们进入了高耸入云、阳光明媚的接待中心,在这里,我们应要求留下了自己的图像身份,然后从那里直接进入宝马 ES20 创新管理部所在地。我们进入了地板上仅有的一处被墙围起的地方——一个坐落于角落的小型会议室。在我们的视野里,部门的成员——连同来自七个创新委员会的成员,这些成员由 KIFA 专家部的成员组成(主体、电子学、底盘和驱动系)——将精力集中于各种各样的技术和系统上,这些技术和系统可能会在某一天成为宝马汽车的一部分。

尽管一辆汽车中有许多方面的发明,而一辆宝马汽车带给人们的感受是愉快驾驶,但是其重要特征就是发动机,这就是宝马公司遵循一体

第四章

化创新模式,开发发动机的原因。宝马公司采取这种管理模式不仅仅是为了控制和保护智力财产,而是远比这些要深的用意:设计、开发和制造发动机是对宝马公司进行定义,并与其他汽车公司区别开来的主要使命,就这方面而言,也与世界上其他企业有很大的区别。

宝马公司对于发动机开发的各个方面都进行了实质性的管理控制,从金属锻造到几乎每一个零件的制造,以及最终产品的装配。如此集中于一家公司的活动怎么能用其他的管理方式进行引导呢?正如宝马公司的创新推进主管马丁·厄特尔所说的,"作为一家制造商,你必须将精力集中于战略核心领域。而对于宝马公司而言,这个战略核心领域就是发动机的开发。我们会在其他事情上与供应商进行合作,但是设计和发动机部分除外。"[1]

宝马公司本来可以走另一条不同的道路。公司要协调发动机的开发,可以通过管理几家创新方面的合作伙伴,而自己来作如何将分散的元件组装起来的"最终权威"的角色。但是宝马公司却有意选择不去那样做,并围绕这项决策调整自身。其结果是具有戏剧性的。宝马公司不但被视作世界上最具创新性的公司(在2006年波士顿咨询公司和《商业周刊》进行的"创新的高级管理研究"中居第16位),公司获得了非凡的成就。在2005年,宝马公司是世界上营业毛利最高的汽车公司之一。

这并不意味着一体化创新管理模式对于所有的汽车制造商或者其他某种特定的公司都是正确的商业创新模式。这意味着宝马公司在应用一体化创新管理模式时,有着超乎寻常的技巧,并获得了十分丰厚的利润。这种管理模式不但创造出很有吸引力的资金回报,而且带来了很大的间接收益,并高效地转化为回报。

尽管在宝马公司的收益中,资金回报非常明显,其他几个间接收益对资金曲线的贡献也是非常显著的。由于开发设计的内部一体化创新管理,宝马公司的产品需要较大的启动投资,表现为在资金曲线启动阶段有一个较深的下探。然而，由于宝马公司的核心能力是发动机的开发，产品达到经济规模所需的时间要短一些，因此就会降低资金曲线通过资金平衡线，进入资金正值区域所需要的时间。而且消费者也乐于以较高价格购买由宝马公司设计、制造的汽车，而这会影响资金曲线的上升以及其最终的高度。宝马公司资金曲线的形状，看起来与其他大多数汽车制造商生产汽车的资金曲线大不相同。

一体化创新管理也给宝马公司带来了间接收益。宝马公司通过研究而开发出的新知识紧紧围绕着长期的产品战略，确保这些知识得以应用（并且转变为资金回报）。宝马公司在发动机方面不断创新，使得其品牌保持"最好的驱动引擎"的美誉，并且使产品可以溢价销售。在企业的生态系统中，宝马公司是其他合作者的首选，因为宝马公司拥有创新的美誉，并且成功地向市场推出先进的新产品，同时，最好的汽车工程人才也愿意为宝马公司工作。在 2005 年，工程师和自然学科的学生将宝马公司评选为欧洲最理想的雇主。[2]

英特尔公司也是一家一体化创新管理公司，其主要精力集中于计算机的微处理器上，而且也通过全部包办的创新管理模式获得了非同一般的回报。英特尔公司在研究开发方面每年投资超过 40 亿美元，公司在世界各地大约有 7 000 名研究人员为了下一代先进的半导体技术、计算机技术、通信技术及无线技术而日夜奋战。英特尔公司还在世界各地开办了 15 家大型制造工厂，公司大约一半雇员在这些制造工厂中工作。[3]从工作操作到最小的细节，英特尔所有工厂几乎都是一样的。

对于英特尔公司来说，国际水平的研究开发、巨大的制造规模、极端的标准化作业三者的结合都在控制之中。英特尔公司认为如果真正地控制了想法产生、商业化、现实化的各个方面，那么就掌握了自己的命运。英特尔公司在研究开发方面声势浩大地进行投资的目的，是确保自己在技术进度方面处于前沿的地位。同时，英特尔公司还努力将自己包

第四章

装成为一家世界上最大的、水平最为先进的制造商,并在资本提升方面每年的投入超过30亿美元。英特尔公司的一体化创新管理模式描绘出一个前期投资部分下探的资金曲线,而这个下探则可以通过缩短投放市场、达到规模的时间来弥补。应用产品行业标准以及注重优秀的管理执行就可以产生这些效果。英特尔公司还在产品现实化方面进行大量投资。当然,在市场活动方面,当产品投放市场后,英特尔公司进行实质性的投资,包括"Intel Inside"和"Leap Ahead"广告活动。

英特尔公司的计算机微处理器和宝马公司的发动机是一体化创新管理模式的经典案例。

一体化创新模式的回报和间接收益

公司选择一体化创新模式有多种原因。一体化创新管理者是创新的唯一拥有者和执行者,而且即使不是回报唯一的分享者的话,那么也会是主要共享者。

公司之所以选择一体化创新管理模式,是因为它们认为自己能够为一种想法的商业化和现实化提供最好的管理(不管这种想法是自己的,还是来自公司外部),而且还因为它们不想冒与其他公司共事的风险——包括被拖后腿的风险,想法被别人剽窃的风险,或者创新价值被其他公司利用的风险。

另外,公司选择一体化创新管理,是因为它们认为这种管理模式会在费用和时间上,给自己更大的控制空间,因为这样它们就会对于管理自己的执行和投资负完全的责任。当公司根据自己的经验曲线推进工作时,就会比依靠其他公司执行起来更加有效率。从理论上来看,对于任何新产品、新服务,一体化创新管理潜在回报的资金曲线至少看起来比其他方法更有吸引力。因为公司自己投资、独享利润,其资金回报——如果新产品、新服务成功了——也经常会成比例地增大。

但是一体化创新管理者在创新过程中,如果不是承担全部投资的话,也因此承担了大部分投资,而承担了最大份额的金融风险。总体来说,一体化创新管理给公司带来比整合创新管理更大的前期投入。例如,如果将获取新领域的知识也包括进来的话,那这些知识来得就会比较昂贵。如果制造也是这个综合结果的一部分的话,制造也会来得比较昂贵。如果这家公司具有进军全球市场的雄心,那么在多样化的全球市场上,为建立并保持公司长期存在、与众不同而又引人注目的影响力,而投资于建立这种影响所需的基础组织和额外资源的投资具有极大的风险。一体化创新管理者将自己置身于可能遭受大量资金损失的重大风险中,但是也使自己可能获得潜在的巨大资金回报。

因此,对于一些公司来说,成功的一体化创新管理昂贵而复杂,所以这些公司越来越倾向于选择另外一种或两种创新管理商业模式。公司从一体化创新管理转变为整合创新管理时,意味着在资金曲线方面作出了一种协调。这些公司并不倾向于真金白银地投入大量资金,也不希望获得爆发式但是不确定的产品规模和回报,而是倾向于投入较少的启动资金。这样,在资金曲线没能按计划成长起来时,公司就具有较强的降低支持费用的能力。

间接收益

一体化创新管理除了具有潜在的高额资金回报外,还能够产生极大的间接收益。管理者通过对研发的各个方面进行控制,可以为公司提供独有而又全面的知识。作为一个一体化创新管理者,公司不能仅仅是某一方面的专家,应该是全方位的专家。公司通过深入研究某一领域,可以直接了解其他领域。另外,公司在创新活动的各个范围内获得的大量丰富知识,可以帮助公司提升执行能力,并对创新费用产生巨大的影响。

第四章

谈到公司的品牌，许多消费者更加信任控制整个创新过程的公司——他们会认为该公司的产品质量更好。更重要的是，如果一个一体化创新公司不断生产出与众不同的新产品，这家公司的品牌就会得以提升。因为创新已经变成公司实际拥有并且为消费者所熟知的东西。类似地，对于拥有一体化创新模式的生态系统及一体化创新管理者所在组织的内部员工来说，一体化创新管理会使他们与公司的联系更加紧密。

可以成功应用一体化创新模式的公司类型

人们常常将传统的汽车制造商想象为典型的一体化创新管理者，这种公司掌控了从产品新模型的铅笔草图到产品交送到经销商的整个创新过程。但是在许多行业内，一些其他类型的大大小小的公司也采用一体化创新管理商业模式。

例如，Del Monte 公司自称为"世界领先的新鲜采摘水果、蔬菜的垂直一体化创新管理生产者、营销者、经销商之一，欧洲、亚洲、中东精制水果、蔬菜和其他产品的顶级生产者、营销者、经销商，"公司的发言人克里斯蒂娜·坎内拉（Christine Cannella）说。这家公司创立于 1886 年，拥有自己的种植园，种植出著名的"金牌"菠萝和其他产品。公司自己雇用科学家来研究新的产品系列，提升管理程序。Del Monte 公司自己拥有或租用冷藏船只，用以运输自己的产品。Del Monte 公司还拥有或租用包装中心、配送中心，甚至租用卡车来将自己的产品向市场输送。

Del Monte 公司从田园到厨房的一体化创新管理方法，使得公司能够开发出独一无二的产品，很好地控制产品的质量，能够对新的需求和市场趋势作出快速的反应。尽管一体化创新模式会增加公司的成本，但是 Del Monte 公司相信，由于提高产品质量而获得市场响应增加的收入，会远远超出成本增加。这是公司保持的一种清晰的平衡——通过增加资金投入，为市场提供更优质的差异化产品。公司因为拥有更加优质而又与众不同的产品,从而提升了收入,增强了主营业务的增长。

当然,一家一体化创新管理公司控制并亲自打理所有的事情有些夸张;所有的一体化创新管理公司都要与供应商、经销商、承包商、广告商,以及其他合作者进行合作。一体化创新管理公司对之都保持着一定的控制水平,而这是使用其他管理模式的公司所不具备的。另外,一体化创新管理公司还承担着产品、服务,或者至少最基本要素实际开发的主要责任——这些因素如果受到任何危害,都会使整个创新陷入危机,甚至会威胁到公司自身的成败。

一体化创新管理者不一定是一家大公司,也没有必要拥有强大的研究开发能力。公司拥有管理研究和开发能力,特别是拥有管理新领域知识方面的研究开发能力,并不是一体化创新管理的特征。例如,金融服务界的一体化创新公司花旗银行和汇丰银行,它们的想法和发明主要来源于其多方面的市场经验——公司在不同阶段为消费者提供不同的金融产品服务,而不是来源于无价值的研究中心。尽管这两家公司创新管理的启动费用并不像我们所讨论过的制造商那样高,它们还是通过识别能够提升公司回报的新的创新阶段来关注同一资金曲线的变化。

爱步公司:小型一体化创新公司

爱步公司(ECCO)是丹麦一家制鞋公司。在大型一体化创新公司英特尔和三星公司面前,爱步只能算是一家小型公司。但是爱步公司在创新方面的战略和方法与这些大公司非常相似。虽然爱步公司对许多鞋类和服饰进行外购生产,但是仍然认为要想保持公司的竞争优势,需要其获得并长期掌握核心技术,特别是公司拥有的独一无二的直接注入技术,这种技术使得爱步公司生产的鞋质量优良,穿着舒适。

在中国一家新制造工厂的开幕式上,爱步公司首席运营官迈克尔·

第四章

汀赫斯（Mikael Thinghuus）公开说："在一个竞争性的市场中，我们通过充分的准备、积极的选择，创造出我们的产品成果。尽管我们有几家公司逐步停止了产品外购，但我们一贯的核心是，我们自己的工厂负责生产产品的主体。我们希望成为最好的鞋类制造商，而不是最大的。"4 爱步公司认为，由于公司对自己的设计、技术以及生产过程有着极其严密的控制，竞争对手要想仿制爱步公司的产品，并将其推向市场，至少需要六年的时间。

当然，这种管理模式对于爱步公司的资金曲线有负面的影响。爱步公司的一种新产品设计获得资金收益的时间增长，这使得这种产品的资金曲线与其他鞋类公司比较起来，上升阶段保持较长的持续时间。

从创新获取回报的最佳条件

就像爱步公司一样，所有的一体化创新管理者都尽其最大可能，尽可能多地掌握整个管理程序中的各个环节。尽管一体化创新公司有时也会乐于应用来自公司以外的想法，但是这种公司不会等待，或者是依靠其他人向其传达这些想法，因为这种公司自信在将自己的想法商业化和现实化的过程中，自己会比任何股东、合作者、供应商做得更好。

在我们与宝马公司的马丁·厄特尔的讨论中我们可以明显地看到，宝马公司已经仔细考虑了一体化创新管理所带来的风险和回报，而且宝马公司也使我们完全信服，一体化创新管理是最合适的创新商业模式，会为投资方产生最大的利润。

然而，许多公司将一体化创新看作是一种默认的模式，常常很少思考这种模式事实上是否适合自己的能力以及创新本身。公司作出一个清晰的决策，决定在什么时候以及是否应当成为一个一体化创新型公司是十分重要的。宝马公司采用一体化创新管理的目的是，保持其在驱动

引擎技术进步方面的领先地位,并将这些技术与车辆的整体性能进行平衡。这种管理方法在其他几种情形下有着特殊的优势:

> 当必须控制的时候
> 当公司具有世界级水平的时候
> 当风险可以控制的时候
> 简单地说,当公司具备条件的时候
> 当知识财产必须加以保护的时候
> 当没有更好(或者其他的)选择的时候

当必须控制的时候

当公司需要对产品质量进行绝对控制的时候,或者当产品的不同组成部分之间的关系十分重要的时候,一体化创新模式就十分有用了。尽管以上这些要求看起来主要是高科技公司的事,但是质量控制对于多种产品来说,都是十分关键的,包括像苏格兰威士忌酒这样的产品。

例如,巴尔维尼公司(Balvenie)是以斯佩塞为基地的单体麦芽苏格兰威士忌酒酿造商。这家公司控制着其酒精产品生产过程中的各个方面。这种控制对于确保产品的浓度和质量是十分重要的,而对于产品和品牌来说,这也是其独特的特征。

巴尔维尼公司对于其百年老字号产品技术方面值得称道的贡献,就是其创新的部分。巴尔维尼公司没有采用各种生产上的现代技术,这些现代技术依赖新技术降低成本,提高效率。巴尔维尼公司采用传统的工艺进行生产,并以此使得自己在业内与众不同。实际上,巴尔维尼公司自从1893年开始酿酒以来,对于其生产工艺的唯一重大改变就是在20世纪70年代,将煤加热装置改为蒸汽循环加热。

第四章

我们从一次对这家酿酒厂的参观中得知,巴尔维尼公司是斯佩塞唯一一家自种大麦、自己现场进行地板法制麦芽的酿酒商。巴尔维尼公司是世界上唯一一家还在雇用制桶工人维护木桶、使用铜匠看管蒸馏器的酿酒厂。

巴尔维尼公司还是为数不多的拥有生产现场灌酒场地的公司之一。许多酿酒商在与其酿造车间有一段距离的地方稀释威士忌酒,然后装瓶。人们一般会将在木桶中储存了12年、21年甚至30年的威士忌酒浓度从60%的"酒桶浓度"稀释到40%~43%。当在远离酿酒厂的灌瓶厂进行稀释过程时,工人就会使用当地的水。这些水因为其地理位置不同,从而具有特定的味道,水中矿物质和其他成分的混合物会对威士忌酒的味道产生显著的影响。巴尔维尼公司在酿酒厂现场将威士忌酒装瓶,可以用最初配制未稀释原酒的水对酒进行稀释,从而避免改变自身独特的酒的口感和气味。

巴尔维尼公司还是第一家认识到在两种不同类型的木桶中储存酒,会改善威士忌酒口味的公司。巴尔维尼的双木桶威士忌酒是最早一种经过多木桶配制而成的产品,如今这种工艺在威士忌酒这个行业内已经被人们广泛采用。正是由于双木桶威士忌酒很早就进入市场,如今它成为巴尔维尼公司品牌的一大成功典范。

所有这一切对于巴尔维尼公司的资金曲线意味着什么呢?公司的一体化创新方法使得公司承担了大量的启动费用,新产品进入市场的速度也比较缓慢(15年陈酿单体麦芽威士忌酒需要15年的生产时间)。但是一体化创新模式带来的间接收益,最终会产生非常具有吸引力的资金回报。因为苏格兰的威士忌酒爱好者了解巴尔维尼公司独特工艺的价值,巴尔维尼公司的品牌价值大为提升,而巴尔维尼公司也就能以高于其他单体麦芽品牌产品或同年代和同质量产品的价格,来销售自己的酒类产品。另外,巴尔维尼公司的员工还以他们坚持传统蒸馏工艺而感到自豪。

当公司具有世界级水平的时候

如果一家公司在创新过程中拥有世界级水平的控制能力,比如世界上最大的手机制造商诺基亚公司,那么一体化创新就是最理想的创新模式。

作为一家一体化创新公司,诺基亚公司几乎所有的制造工作都在公司内部完成,并独立设计自己用的芯片,供应链管理十分成功。在诺基亚公司的供应链中,每年要流通大约 600 亿件产品元件。诺基亚公司认为供应链合成的设计是公司的核心,是公司与众不同的能力。

诺基亚公司的一体化创新也给公司带来了极大的成本优势,使其与行业内的其他公司相比具有很大的优势。在手机制造方面,诺基亚公司比竞争对手拥有超过 20% 的成本优势。诺基亚公司首席财务官里克·西蒙森(Rick Simonson)将这些不同之处归功于一体化创新——公司制造、资源的内部化以及部件标准化的应用。[5]诺基亚公司的下一代移动电话将应用多频率播放的宽带分码多工传输技术,或者叫做 WCDMA 技术。与竞争对手相比,诺基亚公司的这种新产品将会拥有至少 20%,甚至 30% 的成本优势。[6]

当风险可以控制的时候

风险是有一体化创新意向的公司需要考虑的另外一个因素。特别是当公司管理者不想分散风险,或者不需要将风险分散时,一体化创新模式是最好的选择。

Zara 公司是西班牙 Inditex 股份公司旗下的一个公司。Zara 公司是中等价位流行时装的制造商和零售商。众所周知,流行时装是一个变幻无常、充满风险的行业——制造商和零售商在几个月之前就投下大的

第四章

赌注，赌下个季节什么时装会"热起来"，什么会是创新的服饰，什么会成为市场的需求。这样做的结果是，本行业内的一些公司尽其所能多方面下赌注，将风险转移到其他的合作当事人，或者尽力提高自己的执行能力，缩短产品进入市场的时间。与此相反的是，Zara 公司看起来并不想不惜一切代价规避风险——实际上，Zara 公司正面面对了风险。公司将其对于服装厂的控制，转变为不但出售衣服，而且设计和生产衣服，而这些就成为 Zara 公司一种竞争优势。公司创始人阿曼西奥·奥特加（Amancio Ortega）是西班牙首富。他说，为了成功，"你需要五个手指掌控生产，另外五个手指抓住客户的需求"。[7]

Zara 是一家大型公司，在 55 个国家拥有超过 760 家店铺。但是，由于自己包揽了服饰方面所有的事情，Zara 公司可以对市场变化的趋势作出快速的反应，并通过销售系统快速铺货。当行业内其他公司用九个月时间，将其新生产线的产品送达店铺时，Zara 公司仅用二到三周的时间就办到了。Zara 公司店铺的管理人员不断将销售情况反馈给设计人员，设计人员应用这种信息来决策产品线的去留，以及是否开发新的产品线。Zara 公司对市场的深入认识，使其能够采取正确的市场支持行动，也使其能够开发出可以迅速达到规模经济的新产品。

在工厂中，Zara 公司并不只是着眼于充分提高生产效率；而是有意识地保留一部分产能，使得公司能够对需求变化作出快速的反应。Zara 公司并不追求规模上的经济性，只是小批量生产和销售产品。Zara 公司并不依赖于外部合作伙伴，而是控制着所有的设计、仓储、分销和内部物流功能。[8]

但是，在 Zara 式的一体化创新模式中，同样包含着风险。公司很容易受到市场反复无常变化的影响，还常常需要面对管理过程中，从设计到分销某个方面可能会出现的错误。然而，在 Zara 公司的案例中，资金回报远远超过了这些风险。Zara 公司的利润率是其零售衣服标签全价的85%,而行业的平均水平只是60%~70%。同时,Zara公司的畅销产品很少有脱销情况,也很少发生滞销产品占用货架的情况,这些都对公司的品牌有利。当Zara最终获得消费者首选的美誉时,品牌就得以提升,并带来了更多的资金回报。

当公司具备条件的时候

有时候,一家公司采用一体化创新模式,只是因为它具有这种能力——因为公司拥有能够组合起来,开发新产品的一套独特的资产或者能力。美林资产管理集团信用管理公司总裁、全球银行集团商业开发与分销总裁尼克斯·卡达西斯(Nikos Kardassis)说,"在考虑到为美国数百万在婴儿潮时期出生,并即将退休的消费者开发新的金融产品时,我们就会采用这种创新模式。"尼克斯·卡达西斯告诉我们,美林资产管理公司正在开发一种收入管理产品,这种产品会将消费者如今从几个供应商那里获得的、需要分别管理的多种金融产品结合起来——包括增收产品、保险产品如长期护理及死亡保险、产权投资工具和定息产品。他说:"无论这些人发生什么状况,为了应对他们20年到25年的退休支出,你确实需要建立一个全面的管理平台来管理他们的收入。但是要做这些事情,你需要有保险方面的专业技术,还需要有分析和保险精算方面的技术。同时,你还必须将投资产品加入其中——比如,共有基金或者一些定息产品。很少有公司能够开展所有这些业务。因为对于多数公司来说,它们要么是保险公司,要么是投资公司。而我们碰巧拥有所有这些业务。"[9]换句话说,美林公司之所以能够以一体化创新模式开展业务,是因为美林公司拥有将所有产品整合在一起所需要的条件,而其他公司没有几家拥有这种能力。

第四章

当知识财产必须加以保护的时候

当公司不想与他人分享自己的知识,或者不想暴露重大的机密时,一体化创新模式是一个可以重点考虑的管理模式。这里所讨论的知识可以是各种类型的,包括我们在第三章中所讨论的所有"自我保护的方法",比如客户信息、商业秘密和商业包装。如果这种知识对于创新的成败极端重要,那么公司通过一体化创新管理将其保留在公司内部是一种恰当的选择。

评估知识的价值是一个模糊的事情,容易引发热烈的争论。然而,我们经常看到管理者很容易作出的假设是,对所有知识必须不惜一切代价进行保护。他们认为知识对于竞争的胜利是极其重要的,他们是对的。问题是这种知识越重要,将这种知识暴露给其他公司就越危险。

例如在整个20世纪90年代,摩托罗拉公司是美国拥有专利最多的公司之一。摩托罗拉公司主管知识产权的高级副总裁乔纳森·迈耶(Jonathan Meyer)说,这主要归功于公司的一个"获得尽可能多专利"的定期战略。2000年,在新一轮减少成本的管理中,摩托罗拉公司将知识产权战略的重点转移到公司认为最重要的技术方面。尽管这种转变的一部分是由于要节省成本(一种全球性的发明专利在其专利期内将花费200 000美元),但是关注最具价值的技术才是这次战略转变的核心驱动因素。正如摩托罗拉公司技术部门副总裁查尔斯·班克夫(Charles Backof)最近所说的,"你会从一个电池门插销专利挣到钱吗?"[10]

当没有更好的(或者其他)选择的时候

有时候,一家公司除了一体化创新模式以外,没有其他选择。当公司想要开发一种确实具有突破性的产品或服务时,这种情况显得尤为真切。索尼公司开发便携式摄像机时的经验就是一个相关的案例。青相召明告诉我们,"索尼公司的创始人和主要顾问井深大(Masaru Ibuka)对于照相机和8mm电影技术十分痴迷。但是开发这种胶卷需要一到两周的时间。所以,他怀疑我们是否能够开发出可以立即回放的电子化的电影。"问题是开发这种产品所需的一些基本的"积木"还没有开发出来。"为了开发基于电子化的电影,我们需要电子眼——一种传感器。我们还需要一种高密度的录像设备。然后,在我们意料中的是,我们还没有高密度磁带。所以,我们就自己开发金属磁带、录像机和传感器。"11

索尼公司投入了两亿多美元,用了几乎15年时间开发这种产品,于1982年开动了便携式摄像机的生产线。到2001年,这种摄像机在全球销量超过了1.5亿台,索尼公司成为全球便携式摄像机市场的领导者。12我们从这次经历可以获得的经验十分清晰明了:如果要做以前从未做过的事,就需要自己亲力亲为。尽管启动费用让人望而却步,但是如果公司管理得当,那就意味着大的回报,特别是这种回报能够独享。

希捷公司:一个大型一体化创新公司

一体化创新是一种典型的创新模式,但是这并不意味着这种模式过于古老,或者这种方式将逐步失宠,或者大多数创新型公司会回避这种管理方式,实际上,商业舞台上许多成功的创新公司,如希捷公司,就是一体化创新公司。希捷公司仅仅在过去的10年中,就步入世界最具创新性公司的行列。在一个整合创新模式极为风行的环境中,希捷公司在研究开发领域进行大量的投入,应用一体化创新模式开发产品。通过应用这些管理方式,希捷公司将自己与竞争对手区别开来。

希捷公司坐落于加利福尼亚州硅谷中心,是世界上最大的计算机硬

第四章

盘驱动器制造商,其产品还包括非常重要的"磁头",磁盘信息读取元件。希捷公司成立于1979年,并于一年后推出了计算机行业内的首张5.25英寸硬盘,这是一种推动整个PC界变革的具有里程碑意义的技术。

硬盘驱动行业的生存环境极为艰苦,从事这个行业的公司必须不断努力,推进对新的技术性能的包装。在过去10年中,特别是记忆存储的容量,以超出半导体摩尔定律的速度快速增长。

与此同时,产品的商品化常常也是一件极为重要的事。竞争对手很快就赶上希捷公司产品容量的增长,并快速压价。其结果是日立国际存储技术公司和富士通有限公司减少了研究开发和其他业务的规模,转而将精力集中于产品的效率和速度,以此取得在价格上尽可能大的竞争优势,并将公司的管理引向整合创新的商业模式。[13]

希捷公司董事长、前CEO史蒂夫·卢卡佐(Steve Luczo)与我们谈起了一体化创新管理的风险和报酬,以及管理模式的选择如何与产品战略保持一致。他说:"所有的制造商——希捷公司也是一家制造商——都要能够控制其产品战略。对于我们而言,那就意味着控制产品技术。因为我们的磁头、硬盘、电子线路,以及其他产品如何发展——并且一起发展——决定了我们的产品战略如何逐步地发展。制造技术和诀窍与设计的联系十分复杂。如何制造磁头,以及用以制造磁头的设备类型的相关知识,在如何设计磁头方面,绝对是首要的,不可或缺的。"[14]

卢卡佐认为整合创新战略并不适合希捷公司。他说,"设想我们放弃整个磁头业务,并从外部供应商那里获得这些产品,但是那是不现实的。对于这个行当来说,磁头和硬盘接口变得越来越重要。对于我们来说,为了确保这些磁头正沿着正确的技术路线开发,我们必须对磁头和硬盘设计团队及制造商进行紧密的一体化管理。除非我们与其建立长期的合作关系,否则没有一家磁头制造商会让我们接触其技术。而长期的合作关系则需要我们采取长期购销合同关系来建立,这就意味着我们必须放弃所有的成本优势。我们为什么要这样做呢？"

一体化创新模式还使希捷公司能够控制时间、质量和成本。卢卡佐说，"我们能够按照我们自己的时间表来快速地提高产能，所以我们知道，在需要一些元件的时候，我们确定能够得到。我们还可以确定产品的质量是可靠的，成本保持在较低的水平，这些对于低成本行业来说是至关重要的。随着产品生命周期的不断缩短、消费者存储要求的不断提高，我们常常感到这种高度控制变得越来越重要，而且事实也的确是这样的。"

卢卡佐说，一体化创新模式的另一个有利之处就是可以更好地应用研究开发费用。"在早期，我们就问过自己这个问题，对于花在研发上的每一美元，怎样才能将其转化为尽可能多的预期收入呢？我们认为答案是将其分配到一个主要的产品线上，这个产品线必须是我们设计的，而且在我们的全面控制下。我们开发可以应用于一系列驱动器的磁头、硬盘和马达——一英寸的、高端的、移动的以及其他情形的——而不是某一种产品。这就要求公司承担巨额的投入。但是我们知道我们将自己当作消费者，我们可以信心十足地按照三到五年的时间框架进行投资，赢利会兑现，并且会扩展到整条生产线。如果将设计和制造外包给第三方，我们不会取得类似的成果。没人会对投资或者广泛应用于设计技术的研究开发作出承诺。公司的独自开发战略在不断地为我们创造出巨大的收益。"

希捷公司认为，产品投放市场所产生的资金回报，远远不止抵消产品开发时的大量初始投入。这些初始投入可以应用于下一代的产品创新，这种情况不但可以提升初始创新产生的资金回报（延长创新产品在市场上的时期，也延长产生资金回报的时期），而且还可以降低后续产品所需要的投资。

卢卡佐还谈到了一个成功的一体化创新管理者所能产生的组织回

第四章

报。"这是很困难的。当我接管公司时,希捷公司有一些我们必须处理的重大企业文化问题。对于大多数人来说,希捷公司并不是一个工作的好去处。员工的工作十分辛苦,而这一点儿在希捷公司尤为严重。但希捷公司发展迅猛,因为相对于稳定的收入方面,公司没有明显的支出。希捷公司是一个令人振奋的环境——一个吸引人的环境。在这里,有着大量的合作,在主要功能组织之间没有竞争。而在以前,这种竞争随处可见。"卢卡佐说,"你不能让你的队友相互竞争,因为那样只会给公司带来坏的风气。这种竞争可能会优化某一个特定的功能组织,或者某次组织活动中的特定小组,但是最终会影响整体效果。对于员工来说,他们需要花点儿时间来领会这样一种观点——他们需要将公司当作一个整体来考虑,而不是仅仅考虑个别小团体的利益。"

一体化创新成功必备的条件

希捷公司将一体化创新管理得得心应手,使人们觉得这种管理相当容易。但实际上,一体化创新管理模式使希捷公司承担了大量的困难和风险,并对希捷公司的能力提出了要求,包括:

➢ 改变的能力
➢ 协调多种活动的能力
➢ 管理与其他公司关系的能力

改变的能力

一体化创新可以改变公司的市场反应速度,但是也有负面作用——降低公司的效率。在竞争性环境中,陷入结构约束的一体化创新者变得无法对变化作出反应。原因之一就是在一体化创新中,公司的大量投资更易于激发公司管理者对投资进行保护的行动——从心理到操作方面都是这样。管理层不会轻易地放弃,或者轻易放弃一个公司投入大量资源建立起来的生产线。其结果是新的机会常常会被公司忽视。

这种情况甚至会发生在像英特尔这样的一体化创新管理公司中。直到最近,这家公司管理者都不会考虑所有不支持公司核心产品 PC 微处理器业务的想法提议。公司前董事长克雷格·巴雷特(Craig barrett)习惯于将这种情况比作是石炭酸灌木现象,这种灌木会将周围其他的植物都杀死。[15]

协调多种活动的能力

一体化创新还会带来巨大的协调管理挑战,而这种协调管理与整合创新模式中的协调管理有很大的不同。一体化创新有着自己独特的复杂性,但是由于各个公司对于这种管理方法的感觉十分相似,因而公司常常会忽视这种复杂性。但是对于管理来说,这种复杂性是一种难以置信的挑战。

对于 Zara 这家流行时装零售商来说,一体化创新管理需要公司管理多种活动,以期能够快速地推出新的时装设计,生产这些时装,并将其送达店铺,放上货架,并以尽可能高的价格大量销售这些服装。

Zara 公司的供应链用来在零售、设计、制造和分销等各个部门之间快捷地传递信息。Zara 商店的管理者会定期向总部汇报什么产品销售较好,什么产品停滞在货架上。设计者根据这些信息快速作出反应,决定需要保持什么产品线,改变什么产品线,需要开发什么样的新产品线。这些设计信息通过电子渠道传达到 Zara 工厂的网络,这些工厂能够熟练地应用准时生产方式,快速地将商品投入生产,并生产出质量符合要求的产品。在将所有新商品送到商店之前,员工就已经定出了价格,并标上标签。当将这些新产品送到商店时,员工就可以直接上架销售了。

第四章

按照惯例,在这个行业中,在各个销售季节之初,零售商对订单的额度最多可以调整20%,而Zara公司则允许零售商管理者对订单额度的调整达到惊人的40%~50%。对于管理者来说,协调这些活动是令人生畏的挑战,特别是对于像时装这种快速发展的行业来说,更是如此。

管理与其他公司之间关系的能力

生态系统中的关系是一体化创新管理者所要面对的一个问题。一体化创新管理者并不是总能挖掘出供应商的所有能量,特别是基于成本与这些供应商打交道的时候,更是如此。供应商只会依照规范办事,不会对创新作出比较有意义的贡献。例如,在汽车行业内,有些公司,比如丰田公司,会对供应商进行培养,并对促进创新的行为给予激励,这些公司是业内最为成功的公司。当然,许多供应商认为,相比于一体化创新公司,它们更愿意与整合创新公司合作。但是公司之间齐心协力的合作,常常比仅仅是冷冰冰的合同关系更加有吸引力。

宝丽来公司:一个传奇式的一体化创新公司的起起落落

一体化创新公司所面临的一个危险是,一旦成功,它就会变得过度自信,高估自己的能力——而这些现象就发生在音像先驱宝丽来公司身上。

尽管公司的衰落有多种原因,但是宝丽来公司从来就不缺少在新的数码世界中成功的想法、资源或者机会。宝丽来公司也没有错过从传统的胶片技术向数码技术转变的机会——在其陷入困境至少10年之前,宝丽来公司就开始向数码领域投资了。宝丽来公司不仅仅是被快速发展、更富于创新的小型新锐公司超越,还被索尼公司、柯达公司、奥林巴斯公司,以及其他一些著名的大型公司抢了生意。宝丽来公司衰落的真正原因是：一体化创新管理方法虽然长期而成功地服务于宝丽来公司，但是没能适应公司所面临的新世界和现实。

多年以来，宝丽来公司在即拍即得相纸和照相机的市场份额方面享有垄断地位。宝丽来公司习惯于在开发新产品时，动用高额的启动费用，快速达到市场规模经济，为产品进行高位定价，对产品进行长期支持。然而，很显然，数字相机和成像产品的行业结构与宝丽来公司以前的产品有着本质的不同。数字相机和成像产品行业内的竞争更加激烈，这种竞争不但来自于传统的照相设备公司，还来自于电子消费产品和计算机制造商。另外，宝丽来公司的工程师习惯于较长的产品开发周期，享用21年的专利保护期。从一粒塑料球到成型产品，宝丽来公司所有产品的制造过程都是纵向一体化的。

宝丽来公司为开发数字产品而必须开发的专利的特性，也对公司的知识提出了挑战。宝丽来公司的研究能力适用于其原来产品的相关领域，比如光学方面、人的感知方面和胶卷技术，而不适应于电子数字信号处理技术、半导体技术、软件技术以及存储技术。为了在数字产品方面获得强势地位，宝丽来公司不得不持续不断地进行大量投入。

当然，这种投入的风险很高。因为数字相机市场刚刚诞生，宝丽来公司无法准确预料消费者对数字相机产品如何应用，会在多长时间内作出反应，也不能准确预料公司在不销售胶片产品时，怎样才能够赚到钱。

尽管数字相机和成像产品与宝丽来公司传统的即拍即得照相机及胶卷业务有着诸多不同之处，但是宝丽来公司还是以其一贯的方式，选择参与数字市场空间，以一体化创新方式，将自己努力研究的成果，应用于其制造的高质高价的，"对于这个世界来说，全新的产品"。宝丽来公司数字技术最早商业化的产品是Helios，这是一种数字激光成像系统，其意在代替X光照片成像系统。宝丽来公司为这种产品消耗了将近10亿美元的投资，包括在马萨诸塞州新贝德福德市的一个250 000平方英

第四章

尺的制造工厂的厂房。

宝丽来公司在数字发明商业化方面的下一个主要尝试是PDC-2000照相机。宝丽来公司为这种产品的最初定位是在贸易市场,同时还打算将其培养成公司将来在消费者市场进行竞争的平台——虽然在当时,宝丽来公司并不指望消费者对产品的需求会快速增长。尽管PDC-2000在技术上很强大,但是进入市场较迟缓,而且定价太高。这种产品于1996年引入市场,曾经定价为2 995美元到4 995美元,而其他制造商相关产品的定价则低于1 000美元。一位行业分析者这样评论宝丽来公司,"在将来,它们的动作必须更快一些。"[16]产品投放市场和达到市场经济规模的时间都是至关重要的。

直到1998年晚些时候,也就是竞争者的产品上市五年后,宝丽来公司才首次挤进普通消费者数字照相机市场。宝丽来公司放弃了PDC-2000业务,这种业务已被证明并不是划算的消费产品平台。宝丽来公司将其消费业务外包给了中国的制造商,并在产品外观上添加了少量装饰后,以宝丽来的品牌进行销售。通过充分利用其商业关系,宝丽来公司是第一个通过沃尔玛公司大量销售产品的大型制造商。宝丽来公司的销售数字最终取得了市场销售量第三的业绩。

虽然如此,但是在数字产品增值幅度很小,而且在当时品牌被许多公司赶超的情况下,宝丽来公司还是不能通过产品定价来产生足够的资金回报。宝丽来公司受困于即拍即得胶片销量不断下滑、难以从其数字成像业务获得利润、在技术方面需要不断进行大量投资以及脆弱的资产负债表。宝丽来公司不再具有竞争力。在某个需要不同管理模式的领域中,宝丽来公司选择以自己熟悉的管理模式开展业务。结果对于有效推进公司业务来说,这种管理方式创新速度太慢,花费太多,代价太高。曾经是一个充满希望,并且实际上处于行业领先地位的技术创新业务,最终以失败而告终。虽然宝丽来公司开发出了实实在在的知识,但是由于创新商业模式的不当选择,意味着大多数知识永远不会转变为钞票。[17]

宝丽来公司故事的结局十分悲惨——公司破产、清算,公司的品牌卖给了一家特许经营公司,并被随意地应用于很多系列的产品上,但没有一样具有创新性。其经验教训是,在应用得当的情况下,一体化创新可以使公司获得巨大成功。但是一体化创新也有风险。一体化创新公司常常断绝了与外界的联系,变得容易受到新技术,或者其传统同行以外竞争者意外攻击的影响。而且由于几乎一直依靠内部人才,一体化创新公司通常不能充分利用其公司以外的技术和想法。还有,公司中曾经是有利条件的资源——人员、程序、工厂——会变成公司的负担。

一体化创新公司越是强大,就越要留心避免管理僵化不变。

一体化创新公司的必要角色

在全球商业和经济中,一体化创新管理者扮演着重要的角色。许多重大的产品技术突破要感谢这些公司:它们乐于为此冒险,并且能够应对重大风险,它们为一体化创新管理投入巨额的投资。而且,一体化创新管理者似乎可以为今天人们关心的多数紧迫性问题找到答案。

我们可以关注一下本田公司、丰田公司和其他一些汽车制造商在合成能源和替代能源方面的努力。这两方面的技术距离成熟还有好几年的时间,但是这些公司已经投入了大量资金,并将它们应用于某些车辆的牵引动力。丰田和本田公司身先士卒,为开发应用合成能源的汽车技术注入了数十亿资金。丰田公司在开发过程中,还在广告方面投入了3 000万美元。[18]无论你对合成能源技术相信与否,一个清晰的事实就是一体化创新管理者正在像希捷公司不断地包装其硬盘驱动器以及其他一些公司在自己的领域中所做的那样,进行不断的努力,以使自己有效

第四章

行动起来。

　　承担和管理风险是创新的一部分。一体化创新管理者认为,当风险被克服后,这种管理方式常常会为公司带来极大的资金回报和切实的间接收益,并为公司开拓出一个更好的市场前景。

第五章　整合创新

你不得不信任那些没有为你公司工作的人。

——惠而浦公司高级技术经理，堂·梅纳德

在iPod的背面接近底部处，有一处铭文用很小的字母写道，"由加利福尼亚苹果公司设计，中国组装"。你也许会想这是一个全球化的标志，或者苹果公司外包了其部分制造业务。然而，这种标签以及所有行业的其他产品上数以百计的其他类似标签，是正在开发并推向市场的新产品和新服务发生微妙变化的证据：这就是整合创新。

如果一家公司选择一体化创新是因为它认为自己能够对整个创新过程进行最好的管理，那么一家公司决定选择整合创新，则因为它作出了相反的评估——它可以在与其他一家或数家合作伙伴的合作中，完成最好的创新。创新融合并不是通过拥有整个管理过程的所有权而进行管理控制，而是对一个合作者网络进行管理；所有或者大部分合作者在开发成果中都占有一份股份。

整合创新者成功的关键是确定管理程序中哪些部分保留在公司内部，哪些部分委托给合作伙伴。公司常常选择利用自己的最强项，而在自己能力不具备或者较薄弱的方面选择与其他公司合作。当然情况也

第五章

并非总是这样。有时候，如果一家公司认为创新过程中的某一方面的问题在竞争中太关键而不能委托给其他公司，那么这家公司就会决定在公司内部开发这种能力。有时候，一家整合创新公司会对合作伙伴提出要求，让合作伙伴提供其现在已经拥有的，但是还不想将之配置到某个特定的产品或者服务上的某种能力，或者某种有用的东西。

整合创新不仅仅是将一组能力简单地集合在一起。而是将一个全范围的有形和无形因素——设计技能、制造能力、劳动力、品牌、分销系统——进行管理并组合到一个机能整体中。

整合创新公司决定保有哪方面的业务，将哪些业务分配给其他公司，必须依据资金曲线的4S要素：公司如何最好地管理启动投入的量和风险，如何在最佳时机进入市场，如何快速高效地获得产品销售规模，如何管理支持费用以获得最大的回报。

整合创新不是外包

整合创新公司和合作伙伴会以多种不同的方式进行合作。尽管整合创新公司不必是创新想法的创始者，但是它应当是这种想法的主要"所有者"和创新过程的主要推动者。尽管整个开发过程通常由一家公司主持，但是由两家或者更多家公司组成整合创新公司也是可能的。这些公司会在创新商业化和现实化的管理方面分担责任——索尼公司和爱立信公司在移动电话方面的合作就是一个典型的案例。

整合创新管理者的成功有赖于它与其他公司合作的能力以及它利用其他公司才有的能力。这种关系不同于一体化创新管理者与供应商之间传统的主仆关系。整合创新者与合作伙伴的工作关系更加紧密，它会邀请其合作伙伴参与敏感活动和关键任务，比如联合研究、联合产品设计或者联合进入新市场。这意味着为了发展和管理合作关系，所有整合创新的参与者都要投入时间和资源,特别是公司之间存在着价值观和企业文化差异时,更是如此。

整合创新与外包截然不同。外包公司将特定业务或者程序推给其他公司,常常是是为了降低成本,或者消除自己不具竞争力的业务,或者不希望自己的供应商实质性地参与到创新的过程中。整合创新不仅仅包含材料的购买和新产品的组装——它还包括管理者让合作者参与管理程序中重要而关键的方面。

随着近些年来人们对于网络合作和开放式创新概念的关注,许多公司特别是供应商正在设法向生态系统中的关键部分接近。然而,许多类似尝试是很肤浅的。虽然如今大多数公司在谈判和供应商管理方面做得相当熟练,但是与实现双赢,或者涉及所有公司的多赢方面相比,许多公司还是在向供应商施加压力方面更加得心应手。管理者也许会稍稍用些时间与他们的供应商或者客户打打电话,时不时地说一些合作的话,但是当到真正推进合作的时候,就会变得不那么确定,合作关系也变得不那么真实。虽然将外包说成是整合创新管理很容易,但是要使外包变成真正的整合创新管理,则需要公司做出比口头说说更多的投入。

尽管现在有一些"假冒整合创新公司",但是在各个行业,有越来越多的公司开始真正理解整合创新,并且用此模式获得成功。成功的整合创新公司数量的增加,也得益于信息和通讯技术的进步。这些技术进步使得合作更加便利,更有益于商业的全面全球化。另一个有益的因素是,在遍布整条价值链和几乎所有的商业领域中,整合创新公司可以得到一些极为专业的公司的合作和支持。如果意向合作伙伴拥有的技术和能力远在你之上,而且容易打交道,知道如何合作的话,那么你还像一体化创新管理者那样自己做这些事情就没有意义了。

例如,伟力创公司(Flextronics)和利丰公司(Li & Fung)都是帮助其他公司整合创新的公司。

第五章

伟力创公司是一家全球性合约制造商,向一些全球领先的电子公司提供交钥匙制造服务,曾经与微软公司合作开发 Xbox。伟力创公司的服务包括设计,测试服务,部件处理,制造和组装,以及其他各种增值服务。这家公司可以与其委托公司在创新过程中,在从想法产生到产品实现的各个阶段进行合作。

利丰公司以联系组织的形式运行,联络国际品牌和这些国际品牌广泛分布于各地的制造商。利丰公司为客户提供多种服务,包括产品设计辅助、物资供应和物流管理。实际上,利丰公司为其客户提供了一个虚拟的公司。可以毫不夸张地说,如果你想开发一种新产品,而且拥有资金,但是没有生产这种产品的现实能力,你就可以与伟力创公司和利丰公司签订合同,它们就会为你进行整合创新。甚至可以为你筹集资金。而你所要做的就是提出创新想法,出售成果。

平板电脑:整合创新的另类模式

微软公司为开发平板电脑(Tablet PC)选择了整合创新模式。使用者可以用电子笔和触摸屏来控制这种平板电脑。"这种想法来自于比尔·盖茨(Bill Gates),"微软公司视窗移动平台公司副总裁比尔·米切尔(Bill Mitchell)说,"在长达 15 年的时间内,他在笔输入方面进行了大量投入,并且长期以来他一直认为,真正普通用户输入法的缺位,是妨碍计算机为每一个消费者所用的障碍之一。人类使用笔和针式工具已经有几千年的历史了,所以微软公司选择开发笔输入法是一个合乎逻辑的选择。"[1]

平板电脑的开发涉及到软件和硬件两方面的技术进步。由于微软公司主要是一家软件公司,所以公司内部没有自己制造平板电脑硬件的能力,而且微软公司也不想冒着被其最大客户看作竞争者的风险,去发展这种能力。但是微软公司也不能将这种操作系统软件简单地"抛向"市场——像它对视窗系统做的那样,因为市场上没有相应的硬件平台,而且微软公司也对制造商是否会投资开发这种平台没有把握。此外,微软公司的设计特征还需要得到硬件平台的支持。

因此,微软公司选择了整合创新模式,与12家硬件公司进行合作——包括IBM、惠普公司、东芝公司、宏基电脑公司和富士通公司。微软公司将操作系统进行了特许授权,但是微软公司也和各家公司进行紧密的合作,调整其软件系统,适应与这些公司合作的需要。微软公司还帮助这些公司开发产品——从加强型膝上电脑到电子集成板——尽管都用同样来自微软公司的操作系统,但是这些产品还是与竞争对手的产品有所不同。微软公司还将合作伙伴独有的笔式计算知识(penbased computing)变成为所有合作者所用。

"微软公司可以设计出水平很高的创新性软件,"米切尔说,"但是运行这种软件的硬件也要同样优秀。我们不得不寻找好的硬件,并与制造公司高效合作,这样就会使我们将产品和恰当的信息带给正确的消费者群体。"

平板电脑于2002年进入市场。开始时,销售较为缓慢,但现在已经开始稳定地增长,最新款产品得到消费者的强烈反响,用户超出了当初面向卫生保健工作者和保险精算人员的市场定位。例如,IBM公司的ThinkPad X41平板电脑一上市,就马上得到商业人士的青睐。

米切尔谈到涉及平板电脑整合创新的问题:"一个非常有用的经验就是要包容我们与合作伙伴之间的差异。我们没有将与其他公司合作看作是一种挑战,相反,我们因为这些合作而有机会将多种产品投放市场。例如,当我们与IBM交流时,它们获得了额外的经验和市场数据。康柏和惠普公司开发了便携式平板电脑康柏协奏曲,它们也从笔式计算上获得了意外的收获。所以,你正处在一个具有各种不同知识的合作关

第五章

系之中。这种合作要么会给你一个脱身的借口,因为你不适合这种关系;要么让你能够充分利用各个公司的经验,设法装配出一种可以处理各种问题的产品。"

通过与其合作伙伴的这些合作,微软公司得到了多种获得资金回报的方法。微软公司通过给予合作伙伴操作系统,使得它们能够开发它们最为得意的产品,这种合作方式也带来了增强了微软公司生态系统的间接收益。

然而,在这些目标之间存在着某些矛盾。微软公司需要花费一些时间去学习在对合作伙伴不进行全面控制的情况下,如何运行整个合作组织,并且还要学习如何支持合作伙伴开发它们独特的产品。特别是微软公司还要确保不同合作伙伴开发的笔式计算产品都具有方便易用、标准化的特点,因为这些特点不但会直接影响到消费者的接受程度,还会影响产品达到规模经济所需的时间,以及产品产生的资金回报。同时,即使需要来自微软公司的特殊帮助,微软公司也要允许这些公司将各自区别开来,分别开发出具备独特特征的产品。

米切尔说:"在合作中,让一家公司开发软件,并让这个软件与其他公司的硬件相匹配的风险很大。一家公司也许会开发一种操作系统不支持的指纹阅读技术,另一家公司也许想组装一个内置式3G无线电播放器,但是操作系统不会以播放器制造公司期望的方式支持它。如果各家公司不能尽早同步合作的话,那么犯错误的机会就会大大增加。"

没有这种同步合作和风险管理,微软公司的资金曲线会因为缺乏硬件支持而永远提升不到盈亏平衡线以上,而且随着公司向产品开发和支持活动无休止的大量投资,资金曲线只会越陷越深。"随着我们与合作伙伴合作制造超轻便产品和其他越来越个性化的产品,我们认识到我们需要进行大量的合作。"米切尔说,"例如,对于新一代触摸屏,如果我们对其驱动器进行微调,就可以使触摸屏工作得更好。如果我们不在这项工作上与原始设备制造商进行合作,则机器的完美度和消费者体验的满意度就会差多了。"

有必要考虑整合创新的情形

人们还没有一套权威的标准明确判断哪个公司、行业或者发明最适合整合创新管理。人们对于创新模式的选择往往是一种特殊的情形——意思是对一家公司或者新产品和新服务来说,某种选择是正确的,但是对另一家公司或者新产品和新服务来说,这种选择就不一定是正确的。然而,在某些环境和情况下,公司管理者却可以认真地考虑整合创新模式是否合适:

- 当缺乏某种能力的时候
- 当进入一个不熟悉领域的时候
- 当你不想在建立某种能力方面投资的时候
- 当你信任其他公司的时候
- 当你想分散风险的时候

当缺乏某种能力的时候

当一家公司缺乏某种能力或者资产,而且获得这些资源需要太多时间或者金钱的时候,整合创新就有特殊的用处了。然而,另一家公司必须不但拥有这些能力,而且还能转让这些能力。

当进入一个不熟悉的领域的时候

当公司在一个不熟悉的领域生产产品、瞄准某个与以往不同的消费者群体时,寻求进入一个新地域的市场或者将某一种产品线扩展到当今

第五章

品牌边界以外时,整合创新将会是一种最好的管理模式。

BBW公司(Bath & Body Works)是一家个人护理用品和芳香产品产值达20亿美元的公司,其产品是美国各大商场的主流产品。2003年,该公司决定进入新领域。BBW公司已经通过开发个人护理用品获得了相当大的成功(它已经被誉为世界上最成功的专业零售商)。这些个人护理用品采用美国"中心地带"纯天然草药、水果、蔬菜的成分。在BBW的商店中,产品价格合理,装饰风格反映着中心地带的主题,这些都吸引着寻找货真价实的刺激性芳香产品的女性消费者。BBW公司的商店从1990年的15家,发展到2000年的超过30 000家。从1993年到2000年,BBW公司以51%的年平均加速度快速发展。

但是在2000年,BBW公司的销售额开始降了下来。从2000年到2002年,BBW公司的销售额下降了19%。很明显,公司必须采取一些措施去改变这种趋势。新任首席执行官尼尔·菲斯克(Neil Fiske)加盟BBW公司。他认为BBW的品牌应当重获新生,方法就是将产品扩展到更富于创新的、能够溢价销售的产品和品牌。为了达到这些目的,他选择了整合创新——与各种个人护理用品开发者进行合作,为现有消费者提供更多的选择,同时也吸引新的消费者。BBW这个在化妆产品领域居于统治地位的公司,现在将其业务扩展到更加复杂和更具风险的"美容产品"领域。

"伟大的品牌意味着你对其有强烈的信任感。"菲斯克告诉我们,"我们不能在公司内部对其进行复制,但是我们可以与所有人进行合作。"[2]因此,BBW公司与一系列特定产品的供应商建立了合作关系——包括毕奇洛(C. O. Bigelow)——"美国历史最悠久的制药商";欧舒丹(L'Occitane)——法国零售商;戈尔迪(Goldie)——一个有色化妆品小制造商;美国女孩(American Girl)——一家供应教育用的玩具、书籍和辅助用品的公司,以开发将来只在BBW商店销售的创新性新产品。

公司与著名品牌产品合作可以降低开发中的启动成本,并能降低建立和支持非著名品牌所需的支持费用。菲斯克将 BBW 公司整合创新后,从 2003 年的第一个季度开始,在随后的九个季度中,BBW 公司有八个季度的收入获得了增长。

当你不想在建立某种能力方面投资的时候

通过整合创新,一家公司可以不用在开发管理程序中必须具备的能力方面投入巨额资本。因为公司将资金应用到其他部分也许会有更积极的作用。例如,一家公司也许会选择让合作伙伴设计、制造和管理某一个特定产品线,以降低前期费用,而自己则在市场、促销方面进行大量投入,以尽快获得市场经济规模。当公司的管理程序中缺乏某种能力,但是又不能从其他公司或者其他来源获得这种能力时,那就别无选择,只能由公司自己来打造这种能力。而此时公司应意识到,不在某一个可通过与其他公司合作的领域投资是非常重要的。

当你信任其他公司的时候

汽车制造商是传统的一体化创新公司,现在也在开发某些车型时进行整合创新。汽车是一种复杂的产品,包含有数以万计的零件,并经过一系列的步骤组装而成。公司开发一种新车型时,在启动和支持阶段都需要大量的投资。这个行业竞争十分激烈,因此新产品达到期望的规模并获得期望的回报,就不是想当然了。

事实上,由于汽车行业变得越来越复杂,供应链上的合作伙伴数量越来越多,汽车制造商越来越倾向于整合创新,想以此来降低产品的启动风险,加快产品进入市场的速度。

这就是为什么宝马公司在发动机方面坚定地选择一体化创新,在开

第五章

发其他重要元件包括"运动驾驶"系统时,则选择了整合创新。在宝马公司,马丁·厄特尔向我们解释说,"我们的创新理念是,创新模式对于消费者来说应当是一个有价值的新事物,对于公司来说应当能够获得市场成功。所以,对于每一次创新来说,我们必须考虑什么是我们必须投资的,什么是我们通过购买可以得到的。运动驾驶系统的预算一确定下来,我们认为与合作伙伴进行合作是最好的选择,这样的话,在公司内部,我们就可以将精力集中于战略核心区域。然后工程师就必须提出计划,指导如何去合作,如何去设置控制同步合作的闸门,如何满足预算要求,并描述他们有什么样的内部能力,他们需要从外部得到什么样的能力。你与一个供应商进行合作的好处是,你可以使他们成为整个过程的参与方。你的成果也是他们的成果。"[3]

当你想分散风险的时候

当公司想要分散风险的时候,整合创新作用很明显。例如,波音公司在787型飞机的开发过程中,为了与其供应商分担启动费用,选择了整合创新。

2003年12月,波音公司宣布将投产新型飞机波音787。波音公司考虑了多种设计,包括改装波音747机型和一种音速巡航舰式设计,但是最终决定以787机型推进工作进展。这个飞机项目主要关注效率,而不是大的载客量或者异常高的速度。(这种飞机开始被称作7E7,用E这个字母来象征其高效率。)这种787机型会高效运行——在耗油量和维护费用两个方面,制造方面也会提高效率。[4]波音公司787飞机项目首席工程师沃尔特·吉勒特(Walt Gillette)说,"我们需要设计出一种能够进入飞机制造主潮流的商用飞机。"[5]

然而,市场分析师和潜在客户却对这种飞机心存疑虑。大陆航空公司董事会主席、首席执行官戈登·贝休恩(Gordon Bethune)对787计划不屑一顾,认为这是一个由"一群会计师"[6]虚构的计划。美林证券公司航空专家拜伦·卡伦(Byron Callan)说,"如果他们对此稍感兴趣的话,那我确信他们将会与供应商产生信任问题。"[7]

对于其早期的机型,波音公司与供应商签订合同,提供详细的说明书和完整的蓝图,并据此提供各种飞机元件。然而,对于波音787,波音公司决定改变与供应商的合作方式。波音公司只与少数几家供应商合作,并且仅向它们提供一些大型构件,包括整体机翼的综合参数。让供应商自己进行设计,然后生产和准备这些构件。[8]由于构件较少,波音公司可以更快地进行最后的组装——仅仅用三天的时间,而从前波音767的组装要用一个月,这就意味着波音公司在波音787的生产上占用人力资源更少,工厂空闲的时间更短。[9]

这种安排要求供应商承担相当高比例的开发费用,并在机翼的设计开发中进行更多的实质性参与。公司的代理首席执行官詹姆斯·贝尔(James Bell)在2005年4月宣布,波音公司在未来12个月所要花的25亿美元中,有6亿美元将由项目中的合作伙伴、供应商和其他涉及到的公司来提供。[10]

这并不意味着波音公司已经将它的启动费用降低了6亿美元,因为这里还有与执行整合创新模式有关的费用——特别是开发相应的设计,以适应多种转包模块组装所需的费用。然而,波音公司的前期资金投入确实降低了,而这就意味着与由自己来承担所有风险相比,波音公司可以更快地获得资金回报。

波音787的整合创新也为波音公司带来了间接收益,特别是加强了波音公司的生态系统。实际上,波音公司的主要供应商努力地消除波音公司、空中客车及各自地方政府之间的摩擦。正如Goodrich公司董事会主席、首席执行官马歇尔·拉森(Marshall Larsen)所说,"这个行业所需要的最后一件事就是商业战争了。"[11]

第五章

整合创新的回报和间接收益

由于整合创新公司要与合作伙伴分担一些启动费用和收益，因此看起来公司采用整合创新所产生的回报并不能与一体化创新模式相比。然而，公司不论采用哪种创新模式，产生的回报数量都要取决于执行所选管理模式的熟练度和成功度。

公司选择整合创新模式的主要动因是它对于三种风险的影响——运营、技术和市场。通过利用合作伙伴出众的操作能力，整合创新公司可以降低操作风险。通过利用自己所缺乏而且不能开发的技术、诀窍和知识，整合创新公司可以将技术风险减少到最小。通过与在特殊消费者群体、分销渠道或者在地域市场有成功经验的合作伙伴合作，整合创新公司可以降低市场风险。

整合创新的资金内涵远远超出了前面的投资。在产品商业化和现实化的过程中，整合创新使产品变化更具灵活性——在响应市场变化和应对竞争对手行动上——因为整合创新公司可以不必像一体化创新公司那样，受困于其资本投入。

整合创新公司还在人力资源配置上为自己开拓了更大的空间，并能形成可应用于其他重要项目的能力。实际上，除了一两种内部保留的关键职能以外，整合创新公司可以将它们的能力看作可以无限扩展的。管理者在分割职责、组织合作网络和合作活动方面变得非常熟练，使得从产生创意到创新产品现实化的循环时间大幅度缩短。

获得知识

整合创新模式常常包含着知识和资源的共享。例如，微软公司通过与合作伙伴共同开发Xbox获得的有价值的知识包括未来"数字家庭"

技术,以及这种技术将在哪里充当什么角色,消费者对于先进电子的反应,以及如何设计和开发硬件平台。

知识共享也有风险。首先,整合创新公司如果在操作的某些方面完全依靠其合作伙伴,那么自己在那个操作方面的知识会减弱。整合创新公司直到决定将这个操作拿回到公司内部(或者由于某种原因,被迫这样做),并发现自己没有足够的知识来进行这些操作时,才会发现这个问题。

其次,在合作过程中,由于整合创新公司和合作伙伴共享了很多知识,因此会培养出竞争对手。合作伙伴可能会通过合作途径,将知识(潜在的,但是非经常性的,合法的知识)传递给整合创新公司的竞争对手。或者合作伙伴自己会在相同的市场上建立起自己的商店。纽巴伦(New Balance)是一家处于领导地位的公司。但是在中国纽巴伦公司不得不应付来自其以前合作伙伴的竞争,以及新竞争者对其知识产权方面所存在的明显漏洞的攻击。[12]

提升品牌

如果整合创新公司有一个强势的品牌,那么整合创新会让公司将其应用于新的产品种类或者市场。但是整合创新模式也会对品牌产生负面作用。由于消费者并不知道或者关心一家公司在开发一种新产品和新服务时是独立完成还是与合作伙伴共同开发,所以这种对品牌的负面作用也不是无法避免的。在整个管理过程中,一个或者多个合作者如果在某个方面处理不当,而且为广大消费者所知时,整合创新模式才会对品牌造成伤害。

例如,如果波音787的机翼在组装或者维护过程中出现了问题,航空客户当然会对此保持关注。他们会了解到这种机翼是由波音公司的合作伙伴开发的,他们会抱怨波音公司在整合创新方面管理不善。这很

第五章

容易动摇消费者对波音公司品牌的信心,并且会使他们在是否下订单购买更多波音787飞机时,表现得很犹豫。而这些会对波音公司的回报产生明显的影响。然而,如果合作的结果是机翼的装配和维护更加容易和快捷,并由此加快了飞机的运转速度,将飞机停飞时间减到最少,波音公司会因其整合创新能力而获得称赞,品牌价值也会获得提升。

加强生态系统

与一体化创新模式相比较,整合创新模式要求各个公司以不同的方式与其生态系统中的人员和组织进行更加紧密的合作。当公司对整合创新模式管理得当时,合作伙伴之间的关系会在多个方面变得更加牢固,更有生产力。知识共享成为合作者之间的一种生活方式。不同公司的不同技能、能力、态度和行动的集合令人兴奋,会令各个公司产生新的想法和新的机会。正如微软公司的比尔·米切尔所说的,"你与你的合作伙伴合作,充分利用各种知识能装配出包含有你从不同观点学到知识的产品。"[13]

整合创新模式也会对公司生态系统构成威胁。在一次合作关系中,整合创新公司已经确定的供应商,也许没有兴趣或者能力成功地履行自己的职责,但是如果没有邀请这家供应商参与其中,它就会感到不快,或者不看好这桩生意。其结果是,整合创新公司会失去那个供应商的优秀团队,甚至看到那个供应商与自己的竞争对手结盟。整合创新公司还可能会因此而失去相当一部分顾客——比如一个分销网络,因为某一个合作伙伴负责管理这个客户群。最坏的情况可能是,一个合作伙伴从合作中获得的回报和间接收益比整合创新公司还要多。这家合作伙伴可能会成为整合创新联盟中的领导者,并拥有足够的力量来接管这种产品和服务,将整合创新公司驱逐出去,甚至使其在整个行业出局。

增加组织活力

整合创新模式允许公司实施以前它们所不能从事的想法,帮助公司培育和加强创造性能量。另外,整合创新模式可以使组织摆脱传统行为模式的束缚——重新审视它们的员工和管理程序,防止统治式管理的形成。基于以上以及其他的原因,整合创新可以形成更高效、更富有弹性的组织。整合创新公司会更加灵活,可以比以往把握更多的机会。一旦一家公司成功地建立了整合创新管理的能力,它就可以更加快速、灵活地再次应用这种能力——比如微软公司在开发Xbox中学到相关的管理模式后,就在Xbox360的开发中,更好地应用了整合创新模式。

整合创新模式也会对组织产生不利的影响。应用整合创新模式后,组织会开始失去核心成员和能力。设想你走过一栋办公楼,穿过设计团队(或者是物流,或者是品牌)曾经所在的"城市废墟",这就是一个有力而直观的暗示:整合创新模式有时会使组织变弱。

惠而浦发现整合创新模式的优点(和缺点)

整合创新模式不但极具价值,而且非常具有挑战性。惠而浦公司在应用整合创新模式开发角斗士汽车库产品系列时,发现了这种管理模式的这个特点。

2001年,惠而浦公司的一个零售和市场小团队,为公司开发了一种面向新市场的储存设备系统:车库。对于惠而浦公司来说,这是一个很有吸引力的机会,特别是因为这款产品定位于一个新的"空间"和新的人群:男士,而不是女士。

对于这种创新而言,目前最重要的一点就是要尽快开发这个项目。尽管这些产品是全新的,而且看起来会在本类产品中处于领先地位,但

第五章

是很明显,产品首先进入市场是很重要的。公司要确立这种产品的强势品牌地位,保证产品基本的零售市场份额,并获得有价值的产品经验和消费者经验,是公司经营这种产品并获得最终成功的关键。

此外,惠而浦公司对这个项目的投资进行了严格的控制——这个团队被告知用尽可能少的启动费用,将这个机会商业化。惠而浦公司开出50 000美元的预算,用以开发原型产品,运行核心小组(为车库研发小组提供免费的比萨饼),并为工程技术实验室销售产品。

在商业化的过程中,惠而浦公司的开发团队为角斗士产品线开发出一种独具特色的"外观和感觉"。这种产品需要一种不但有力,而且高档的外观,就像哈雷·戴维森相关产品的质量组合,并在外面加上一层救火车重型"踏板金属板"所用的覆层材料。这个团队还开始物色各种待选的商标名称,一开始他们想用Quadrant,用来表述产品组织和技术,但是最终他们以更有力量和男性气质的角斗士为产品命名。这将是惠而浦公司近50年来第一个新的大品牌。

2001年9月,在获得了关注人群和网络调查十分积极的反应之后,角斗士团队得到200万美元的基金用于推动项目。但是在获得基金的同时,也得到公司的一个告诫:到2002年年底,如果角斗士团队还不能开发出产品线,并吸引足够的客户,带来相当的收入,项目将被终止。

惠而浦公司的特色是一体化管理、内部设计和制造。但是对于开发角斗士产品来说,这种管理方法花费巨大,用时太长。"当我们想自己干点儿事的时候,"角斗士汽车库产品开发负责人托德·斯塔尔(Todd Starr)说,"我们总是按照一天生产几千套产品来考虑,而不是一个月或者一年。我们想要自己制造某些产品。毕竟,我们买了大量的钢材,我们加工了大量的金属材料。我们似乎应该能够做这些工作。但是最终看来,在公司内部干这些工作没有任何意义。"[14]

因此,角斗士项目团队决定与合作伙伴合作开发角斗士产品。但是多年以来,惠而浦公司建立了一个只包含供应商,不包含合作者的生态系统,因此现在就不得不寻找一批全新的公司,并与之建立关系。例如,角斗士产品的工具来源于一家海外供应商,这家供应商提供这些工具所需时间和成本都是惠而浦其他产品工具供应商的三分之一。这个团队还选择那些不但具有制造能力,而且具有设计能力的供应商。这样,这个团队就不必依赖惠而浦公司内部本已十分紧张的设计人员和工程师资源,或者为此而招入新人。"仅仅雇用这些工程师,就需要用一年的时间。"惠而浦公司负责这个活动的综合管理者汤姆·阿伦特(Tom Arent)说。[15]

惠而浦公司还需要为角斗士系统如何进入市场进行管理创新。惠而浦公司当前大量的主打产品主要是通过零售渠道销售给消费者。但是角斗士产品如何销售则要另辟蹊径。

首先,在一些产品通过零售渠道售出时,为了对消费者产生足够的正面影响,管理者需要充分地演示这种产品和概念。为此,惠而浦公司和劳氏公司达成一项协议——劳氏公司拥有一支经验丰富的销售队伍,可以很聪明地向消费者介绍和演示角斗士产品——使其成为独家发售商。作为交换,劳氏公司要为惠而浦提供能够最好地展示其产品的陈列空间和布局。

其次,一些消费者想要得到为自己定制的角斗士产品,这对于惠而浦的其他产品(比如微波炉和洗碗机)来说并不是什么问题。惠而浦公司面向建筑商销售产品的销售人员可以把握住新建建筑的机会。同时,为了将设备装配到已有的建筑内,惠而浦公司与California Closets公司合作,利用该公司的专门技术建立家庭车库及其机构系统。

2002年初秋,角斗士车库在北卡罗来纳的夏洛特接受了选择和测试。并于2002年11月,在劳氏公司遍布全美国的850家经销店铺货。几乎恰好是开始投资后的那一年,角斗士产品进入了市场。在设备

第五章

制造行业中,开发一种新产品一般需要三年到五年的时间,因此角斗士产品的上市速度非常快。角斗士项目的资金曲线的启动部分很低,进入市场阶段和达到经济规模阶段所用时间都比较短。"我还从没有见过一种产品在引入时期就有如此早的积极而又强劲的反应。"CEO 戴维·惠特万(David Whitwam)在与投资者会谈时说。[16]

托德·斯塔尔说:"当你以整合创新模式管理项目时,正像我们所做的,你不会像用其他创新模式那样获得利润。"所以角斗士产品资金曲线的启动部分形状很理想,在产品投放市场后,曲线就达到一种平衡。斯塔尔补充道:"然而,我们不知道在我们的工厂中是否有人对这些小事有足够的兴趣。"[17]换句话说,如果角斗士团队应用一体化创新模式开发产品,那么角斗士项目可能就不会成功。

从公司内部来说,角斗士项目的这个结果十分理想。"我们的创新努力——角斗士产品的成功是其中的一部分——是我们在惠而浦公司所做过的唯一一次极具活力的事情。"惠特万说。[18]这次经验有助于激发公司内部更多的创新。如今惠而浦公司有几百个创新项目正在酝酿之中,远远超过公司历史上的其他任何时期。公司将其资金进行了再配置,将其中的一大部分花费在创新方面。而公司从角斗士产品开发中所得到的知识有利于获得更多的投资回报。这个团队还帮助公司开发了一系列新的技能,其中之一就是将产品发送到世界各地。

整合创新模式中也有挑战。斯塔尔解释道:"当我们的工程师寻找供应商的时候,他们没有获得组织的支持。但是现在这种状况已经有所改观。如今我们在物资采购方面有一个员工,他的任务就是寻找角斗士的供应商。但是这项工作需要花费一定的时间,而且有时这种工作开展起来也很困难。我们有一个供应商,在数月之内不断地碰壁,投入了相当大的资金,但是只生产出一大堆废品。这家供应商开发产品的速度太慢,最终它承认自己失败了,并不再与我们公司合作。另一家供应商是为我们制造吊钩的公司,这家公司想要向我们提价。事实上,我们不得不替换公司几乎整个日常供应基础,这对于我们来说是一件十分不利的事情。一旦公司提出新的产品创新,那么管理者将供应基础转入正轨就变得非常重要。如果考虑到我们要做的工作,那么当前一些供应商与我们的合作就不是高效的。这对于我们来说是一个巨大的挑战。"[19]

整合创新是风险最大的管理模式

尽管整合创新可以为公司带来回报和间接收益,如它在惠而浦公司所表现的,但是整合创新公司要承担或者面对三种管理模式中最大的风险。与完全在公司内部管理一个项目相比,同其他公司紧密地同步协作,将使公司必须承担的风险和挑战有着相当大的不同。毕竟,自20世纪早期以来,管理的准则主要是设法加强风险控制,降低风险,而一体化创新公司被视为完成这两个目标的最佳选择。

因此,在认识到整合创新模式产生收益潜力的同时,指出其所会带来的实实在在而又十分严重的风险也是很有必要的。整合创新需要一套完全不同的技巧和能力,而许多公司并不具备这些能力,同时这种管理模式中还有许多令公司"容易误入歧途的事情。"

执行过程中的败笔

2001年,当索尼爱立信项目成立时,媒体将其誉为"完美的结合",因为它将索尼公司丰富的消费电子产品经验和爱立信渊博的无线技术知识结合在了一起。这个新的投资项目将其目标定为在几年内超越诺基亚,成为手机市场的领导者,许多分析人士认为这个目标会实现。但是事与愿违,最初的时候,这个投资项目的联合市场份额从12%降低到6%。发生了什么情况呢?简单地说,整合创新的困难程度,远远超出了

第五章

公司的预期。合作者想在一个较短的时期内实现这种管理的成功是不可能的。媒体报道了新产品推迟推出时间、产品的质量问题以及关注消费者"需求"给合作项目带来的损失。[20] 直到其运作的第二年，这个投资项目才开始赢利，到现在才开始显现出其全部的潜力。诺基亚公司的市场份额仍居第一位。[21]

对于整合创新公司来说，管理执行中的挑战有多种原因。在起始阶段，管理者协调各个公司的动机和报酬就十分困难。各个公司需要仔细考虑如何分享财富、分割费用和投资，以及分担风险。飞利浦公司执行副总裁兼首席技术官 Ad.郝爱德（Ad Huijser）对我们说："对于管理者来说，预测整合创新企业风险的大小常常是很困难的。例如，为了制造沁心浓咖啡机，我们与一个咖啡生产商进行合作。这家咖啡生产商已经在这种咖啡豆的开发和生产上进行了投资，而这种咖啡豆对于全新的咖啡制造概念来说是至关重要的。如果没有这家咖啡生产商和这种咖啡豆，当我们需要找合作伙伴，并进行必要投资的时候，生产沁心浓咖啡机将会变得十分困难。"[22]

另一个操作方面的挑战是，整合创新公司跟踪和监控整合创新模式所需的网络化合作关系代价高、难度大。这需要整合创新公司对最佳的实践模型有深入的理解，应用先进的工具和技术，先进的通讯方式。假设你的合作伙伴的制造工厂在一场火灾中被烧毁了，作为整合创新公司，与一个一体化创新公司不同的是，你需要花费更多时间来关注合作伙伴的进展情况，并考虑这个火灾事件对于合作项目意味着什么。

设下陷阱

一家公司一旦选择了整合创新模式，那么它想要重新回到一体化创新模式将会十分困难（尽管不是不可能的）。Schwinn 公司是美国自行车制造商的代表，它痛苦地认识到了整合创新模式为其投挖下的陷阱。

在其巅峰时期，Schwinn 公司拥有美国自行车市场 20% 的份额，五家工厂每年生产成千上万辆自行车。Schwinn 的品牌代表着创新前沿和无与伦比的质量。Schwinn 是所有美国儿童都梦想拥有的自行车。

那么到底发生了什么事情呢？Schwinn 公司有几次失误，但是最大的失误是公司决定放弃其设计和制造业务，转而关注其市场和品牌管理。当时，Schwinn 公司的管理层认为公司的创新资产和客户关系是最有价值的资产。因此，他们将自行车的生产制造越来越多地转移到中国台湾的一家小型供应商，并讽刺性地将这家供应商命名为捷安特（Giant）制造公司。

Schwinn 公司在捷安特公司中不持有股份，即使在将 45% 的自行车生产任务交给合作伙伴时，也是如此。[23] 这个供应商逐步获得了自行车生产制造的相关知识和专门技术，开始开发自己的新产品，并不断降低成本。最终捷安特成为远远优于合作伙伴的自行车制造商。捷安特公司如今是世界上最大的自行车制造商之一。而 Schwinn 则成为一个多种消费产品公司拥有的一个品牌名称。

Schwinn 公司发现整合创新管理模式是一种很容易、很有吸引力，但是很危险的管理方法——将大量的困难工作让合作伙伴去做，而自己却坐等收获报酬。但是在这个创新模式极有吸引力的表面之下，却隐藏着巨大的风险。公司不常用的内部能力会迅速萎缩。而对于公司的管理过程提供便利的合作伙伴，有可能成为公司的障碍。合作伙伴还可能出人意料地成为公司的竞争对手。

然而，当操作得当的时候，整合创新可以使一家公司利用更大范围的技能和资产，而这些远远超出公司内部所开发出的技能和资产——这些技能和资产能够转化为公司成功的专利、资金回报。而这些成果也许是公司仅靠自己永远都不可能创造出来。

第六章　特许经营

我们从特许经营费与能够提供最低价格的保障中获取利润。

——迅达公司研发部门主管，卡尔·温伯格

尽管一体化与整合创新是主要的创新商业模式，但是仍然有第三种创新商业模式长久以来未被大多数公司意识到，甚至被忽略了。很多人已经逐渐认识到它能够带来回报这一事实所带来的冲击，这种创新模式就是许可经营。

许可人是创新火花的首先所有人（尽管他可能不是发明人），有时也是创意的商业化运作者，但是很多许可人在认识上都有些局限。不管怎样，一些许可人会详细地叙述自己的智力资产是如何在市场上进行管理的，这样做是为了保证特定标准的产品质量、市场表现和品牌的持续发展（如果特许了自己品牌名的话）。

许可人会使用被许可人的商业系统来避免为将自己的创意推向市场投入成本和努力（以及避免对自身现金曲线的影响），这样做也就相应放弃了一部分真实的潜在收益。某些许可人会和被许可人建立密切的合作关系，所以他们就可以在商业实践过程中获得新知识，并将之应用到公司未来的发展中去。而有些许可人则采取放任的政策，一旦对创

第六章

意完成了许可,就不会继续进行实质的关注。许多热衷于将本公司专利转化为现金的公司就属于这一类。

被误解的模式

尽管能够获得丰厚的潜在利润,特许经营商业模式仍然带给人们更多的想象空间,其中许多都是负面的。

有些人认为特许经营许可公司很少是合法的经营者,这些公司都是由一些老谋深算的律师来充当职员,并且他们都善于诉讼。他们认为这些公司只会从不知情的被许可人那里残酷地榨取专利费;或者会违反市场规则,并以不光明正大的手段来攻击竞争对手。

曾经有很多真实的或者人们常常听说的许可案件加深了这种认识。例如,Rambus 公司近几年来就卷入了多宗特许经营诉讼案件当中。

在 1980 年代末期,Rambus 公司的创始人迈克·法维德(Mike Farmwald)和马克·霍罗威茨(Mark Horowitz)开始研究一种新的传输方法,这种方法就是通过芯片接口设计来大幅度提升从计算机内存向微处理器传输数据的速度。鉴于建立一家芯片装配工厂需要投入资金大约 10 亿美元,他们决定将这种技术申请专利,并且将其特许给电子游戏机、机顶盒、家用电脑、笔记本电脑、网络交换机和其他相关设备的制造商。[1]

因为以上的决定,Rambus 公司吸引了很多消费者关注它的智力资产,同时也陷入了很多有争议的专利诉讼当中。例如,评论家认为 Rambus 公司是在参与到一个行业的时候将自己的芯片设计注册为专利,而这个行业正在建立一系列可能会应用到行业新产品中的行业标准。当 Rambus 公司宣布对行业内独特的芯片设计技术拥有所有权的时候,它激起了同行们的愤怒。美国一家联邦法庭最初在调查 Rambus

时,发现该公司并没有说明其对一些芯片接口技术的专利权,在诉讼过程中这一切才暴露了出来,那时候 Rambus 公司已经对几个公司提起了专利诉讼请求。[2]

即便如此,Rambus 公司也发现自己公司的品牌形象和生态系统受到了侵害。短期内,这些侵害不是什么大问题,因为公司拥有技术标准并会产生合理的回报。但是长期内,Rambus 公司可能受到很大的影响并影响到长期回报,主要影响就是公司不能和其他公司形成伙伴关系,或者消费者不愿意继续购买公司的产品。

有些人认为特许经营其实就是出售自己的品牌名和商标。时尚设计师皮尔·卡丹就使人们这样理解特许经营。他因为在诸如泡泡裙这样的超前服装中大胆使用乙烯基、银质材料和特大号拉链等元素而广为人知。1960 年,为了将他的创新成果延伸到其他产品,皮尔·卡丹开始进行特许经营。但是很快人们就明白,他的特许内容只是他的名字,在这些产品商业化的过程中,他没有任何物质方面的投入,这 900 种最终拖累了皮尔·卡丹品牌的产品包括煎锅、陶器、须后水、地砖、沙丁鱼、旅馆、汽车、游船、雪茄、吹风机、酒、皮箱、钢笔和整形床。"如果有人要求经营厕纸,我也会答应。"皮尔·卡丹这样告诉《独立报》(*Independent*)的一位记者,"为什么不呢?"[3] 很快,这些产品几乎全部消失了,不管是第一个标上皮尔·卡丹商标的创新产品,还是原来显著的品牌价值都所剩无几。

许多公司将特许经营看作利用自己未使用专利的过程,这种做法可能是一个很有价值的举动。例如,1990 年,IBM 公司开始特许经营本公司未使用的专利,到 1999 年该公司的专利使用收入已经从每年的 3 000 万美元上升到 10 亿美元,2005 年的收入是 9.5 亿美元(大约是 IBM 公司 2005 年总收入的 1%,净利润的 15%)。[4] 尽管我们鼓励别的公司可以沿袭 IBM 的做法,我们对特许经营的主要建议还是将一个新创意商业化,而不是为了使用过时的专利和弥补前期投资的过失。

第六章

杜比公司：杰出的创新特许公司

杜比实验室公司（Dolby Laboratories）的创始人雷·杜比（Ray Dolby）是一位杰出的工程师和发明家，他同时也是一位杰出而又精明的商业战略家和特许人。大家都知道他的名字或者公司的技术，这种技术用来提升存储音乐和电影的音质。成立于1965年的杜比实验室公司同样在录音、磁带放音机、电影和剧院、家庭影院和DVD，以及近几年发展起来的高清数字电视领域也占据着领先地位。但是人们很少知道杜比公司的成功很大程度上是由于30年前成功的战略决策——成为一家特许公司。

杜比实验室公司起初的目标是研发能够降低录音磁带背景噪音的电子系统。这是一种相对较新的技术，比传统的录音磁带能够随时停止，并且能够在一盘磁带上录制多声道音乐。这种技术也有一个明显的缺点，但是总比录音磁带明显的背景嘶嘶声影响声音的性能好得多。

在杜比公司1965年刚开始运转的时候，公司就生产了Dolby A-type的新产品，这种产品利用了一种新的声音压缩和扩展技术，这种技术能够在不产生负面效果的情况下显著减少录音磁带的背景噪音。雷·杜比认为A-type的主要市场是专业录音工作室，他也认为发挥这套系统性能的方法是将其集成到杜比公司生产的录音设备中。他的想法是正确的。杜比公司的A-type设备很快就成为实际的录音行业标准。

雷·杜比不知道该采用哪种最好的创新商业模式来占领消费者市场。杜比知道自己公司没有能力生产足够令世界上部分消费者满意的产品。生产这种产品的初始成本非常高，并且需要花很长时间来占领市场。杜比同样怀疑有足够的消费者是如此地看重音质和音效，以至于愿意花如此高的价钱来购买集成了杜比系统的录音设备，这就意味着该产品永远也不会产生合理的回报。

所以杜比决定特许经营这项降噪技术,这种技术对于录音系统核心电路来说是一项基本设计和规范,并且杜比对每一个使用这项技术的公司收取特许费。通过成为特许人以及和现有竞争者成为伙伴,杜比能够显著地缩短占领市场的时间以及提高投放市场后的现金曲线,因为它能够调整制造市场的份额、更快地占领市场、降低支持成本并且在更小的风险下获得最大化的收益和利润。

所有人都不认为这是一个正确的决策。潜在的投资商告诉杜比他应该忘记特许,并且如同他在专业市场上做的那样成为一个消费者产品的综合性公司。他拒绝了这些建议,认为如果不能很好地利用外部资金公司发展就会很慢,反之将会获得利润并且能够持续发展。

这一次杜比同样也是没错。杜比实验室公司已经通过创造、担保、保护、监控和发展智力资产获得了显著的成功。"我从不进入那些不能获得专利的领域,"杜比说道,"要不然你就会很快发现自己是在制造商品。"[5] 杜比实验室公司在全世界 35 个管辖区拥有 944 项个人专利和 1 500项未决的专利,并且从数百个被特许公司收取特许费,其中包括设备制造商、唱片生产者、录音室和剧院。

杜比同样继续为专业市场设备发展和制造的企业提供服务。杜比公司成功地运用了两种不同的创新商业模式,每一种都能够降低风险并且带来最高的回报。

2005 年初,杜比实验室公司成功上市,在交易的第一天为它的创始人带来了 49 亿美元的收益。

特许经营商业模式起作用时的状况

既然现金回报如此丰厚,为什么还有那么多的公司对使用特许经营方式来将其创意商业化和实现目标的态度很犹豫呢?一些公司继续如

第六章

我们前面所描述的那样对特许经营抱有误解,或者只是因为它们不能理解在特别的情形下如何使特许经营对公司的经营起作用。

特许经营的实施通常会遭遇到组织方面的阻碍。一些公司不能接受自己研发出来的一项技术资产,如果由别的公司来实施商业化可能会更成功这个事实。这是它们自己的心血,它们不允许别人来弄砸它。除了感性方面的原因之外,对那些发明这些智力资产的人来说,或许没有别的切实的刺激能让他们希望通过别的公司实现专利的商业化。例如,由于没有指定的组织对支持特许经营负有责任,所以特许的过程充满未知,并且对大多数经理来说都是一次艰难的挑战。

实施特许经营努力的结果或许有一定的风险。当公司总部看到了特许经营的潜力,但是需要拥有这项智力资产的业务单元提供资源以保证实现时,这种风险就可能发生,其中包括丧失财务信用、不能获得收益率或者其他回报方面的利益。同时,特许经营一个创新成果可能比自己实施商业化运作获得的总收益更少,即使具有更大的边际利润。对于那些被授予权限并且按照公司规模大小获取收益的执行官来说,特许经营就没有多大吸引力。在这种环境下,许多发明都是直接通过合作经营或者托管的方式来直接经营的事实就不足为怪了。

在很多情况下,特许经营的商业模式都能够起作用,并且能够带来回报,其中包括:

> 公司没有对创新资产实施商业化运作的能力,并且不能或者不希望投入资源来获取这种能力。罗伯特·博世(Robert Bosch)公司是世界上最大和最具有创新精神的汽车供应商,该公司对其拥有的一项先进的"硅墨微机械加工"过程进行特许经营,因为该公司想要将这项技术设立为可靠的该行业标准,并且专门为高端产品的专用设备提供服务。由于为了开发技术已经投入了不少成本,博世公

司认为仅仅供自己使用的少量机器就需要投入大量资金来进行设备研发。"基本研发过程就需要大约五年时间,而我们认为对我们来说自己制造这种设备不会带来足够的收益,所以我们采取了特许经营的方法,"博世公司管理董事会代理主席西格弗里德·戴斯(Siegfried Dais)告诉我们说。最终,博世公司主要生产基于这种技术的小型化专业零件产品。为了利用现有的设备设计专业知识,博世公司选择将该专利特许给像 Surface Technology Systems 这样的公司,这家公司目前生产使用了"博世过程"专利技术的机器。[6]

➢ 创新能够创造大量行业标准或促使人们采用有益的行业标准。正如我们在第三章所讨论的,索尼公司致力于以其 Blu-ray 光碟技术为新一代光碟技术设定行业标准,该技术与东芝公司提出的 HD-DVD 技术形成了竞争关系。即使人们普遍地认为索尼公司的技术是一项技术突破,索尼公司也不见得一定会获得成功,甚至也不一定能彻底击败东芝公司低成本、低科技的 HD-DVD 技术。对这两个公司来说,特许经营是使其战略获得成功的核心因素。

➢ 能够将竞争转变为特许资源。宝洁公司是世界上最具有创新精神的公司之一。该公司采取特许经营这种不同寻常的方法来管理创新成果、来进行商业化,并且取得了成功,宝洁公司有时在取得专利权后三年时间里就会进行这种工作。即使这种创新成果还没有实施商业化,宝洁公司在捕捉到特许经营的机会前也不会任由其躺在货架上超过五年时间。[7]

尽管这种方法看上去违反直觉,特许经营的实用性带给宝洁公司的成功使其竞争对手陷入了难堪的境地。如果宝洁公司以特许经营的方式来生产一种新产品的话,竞争者也就会生产一个相似的产品。如果宝洁公司将创新成果特许给一位竞争者的话,其他的竞争者也会在压力下

第六章

去提升自己的产品,因为特许经营增强了产品的种类。在宝洁公司专利品领域竞争耗费时间,并且代价昂贵,甚至会产生不利的结果。没有脱离专利权内容的再设计很容易使一个公司陷入侵权诉讼中,而这需要时间和资源(并且充满了风险,因为如果给原告造成损失的话,就需要进行赔偿)。当然,竞争者可以创建一个替代的方法以提供相同或者有竞争力的绩效,但是这种方法并不确定,因为宝洁公司同时也可以开发新的技术以走到竞争者前面。

另一种选择就是,如果宝洁公司对其专利进行特许经营,竞争者只需通过获得许可权就可能以较低的成本加快进入市场的步伐。同时,由于竞争者在判断宝洁公司的下一个行动,宝洁公司就会继续研发更多的专利来替代当前的专利。正如宝洁公司外部业务拓展副总裁杰夫·魏德曼(Jeff Weedman)告诉我们的:"我的目标是将我们的专利以比竞争者自己研发更便宜、更快速的优势特许给竞争者。"[8]

宝洁公司这样行动的目的是为了提高产品的现金曲线。通过允许竞争者在其产品中使用宝洁公司的智力资产,宝洁公司在自己已经生产的产品上获得了双重的现金回报。特许经营同样降低了竞争者投资于能够引领特许人技术的基本研究的冲动。

这种战略不但让宝洁公司的竞争者感到紧张,而且专利权的拥有者也不会沉溺于自己的光环中。他们不得不持续创新,由于他们的成果很快就广为人知。这种认知会缩短现金曲线中产品投放市场的时间,同样会减少需要的启动费用,同样也激励宝洁员工提升自己的创新能力,由于他们需要不断与自身竞争。

特许经营的回报和间接利益

许多公司回避特许经营不是因为误解了特许经营的本质,而是它们认为特许经营一项智力资产带来的现金回报不足以保证投入的成本。但是特许经营比其他商业模式需要更少的前期投入,并且会带来75%～95%的盈余,这意味着一项1 500万～2 000万美元的特许项目带来的回报要大于一个一亿美元投入的赢利项目,并且只需要承担少量的风险,投入更少的资金和人力资本。和创新企业自己将新产品商业化相比较,特许经营带来现金收入增长的速度更快。

知识的获得

正如宝洁公司表现出来的那样,特许经营可用作一个战略武器,而不是仅仅通过收取特许费用来轻松敛财的工具。

瑞士电梯制造公司迅达(Schindler)公司将特许经营当作获取新产品应用知识的途径,这种做法会在三个方面带来回报:特许费、通过将其应用到迅达公司自己的电梯产品上和最终应用到其他非电梯系统上。

迅达公司研发了一种称作组合轴信息系统(Modular Shaft Information System / MoSIS)的技术,这种系统大大提高了监控和控制高速电梯位置的能力。该系统如此的精密以至于可以将电梯精确地停靠在期望的位置,并且将误差控制在半毫米之内。MoSIS系统不但便于操作,而且提高了电梯的实用性和安全性。这种系统能够监控和弥补很多变量,包括电梯线缆的伸缩以及建筑物的高度变化——建筑物的高度变化对每一层的位置会有影响。

MoSIS技术的核心是磁性测量技术,主要就是在与电梯轴接触的整个导轨上安装与位置信息进行了编码的磁带。电梯上面安装了感应设备,该设备读取编码信息,并将之传送给控制器局域网(Controller Area Network/CAN)系统。迅达公司的MoSIS技术与控制器局域网技术(由博世公司首次在汽车行业提出)的结合使得安装过程更为迅速、运行更安全和精确,并且维护起来也更加便捷。

第六章

不管怎样,在迅达公司看到这个系统潜在的现金回报时,管理层并不认同他们所看到的。当确信 MoSIS 系统一定会在市场上普及,并且这个系统需要大量投入的时候,迅达公司认为仅仅只是出售自己公司制造的安装了该系统的电梯不足以获取足够的回报。

这样分析以后,迅达公司认为只有选择将这项技术特许经营给世界上其他电梯制造商才能获取回报,特许内容包括了磁带编码技术和感应单元。只有这样做,迅达公司才会更快地形成规模效应、减少支持费用并更快地获取回报。迅达公司认为 MoSIS 的核心技术可以在其他工业领域以及非电梯产品上获得更广泛的应用。通过特许经营,迅达公司可以让它的竞争者在其他领域取得立足点,而这些领域是自己不愿意涉足的。

基于以上分析,迅达公司作出了一个明智的决策:将 MoSIS 系统的一部分——也就是磁带编码技术(不包含感应单元),进行特许经营。这个决策会让迅达公司装备了该项技术的电梯处于领先地位,并且将一些智力资产特许给潜在的竞争对手,这样就可以得到潜在的特许经营费用,以用于发展其他使用 MoSIS 技术的产品。

换句话说,迅达公司想要用特许费来补偿获取知识的投资,但是又不想冒将所有技术特许经营给竞争者将会丧失在其他领域的竞争力的风险。

强化品牌

如果特许经营模式创造或强化了公司创新形象的话,这样做就会提升公司的品牌形象。

IBM 公司经常会通过广告和公共关系等手段来告知客户公司从特许经营中获得的收入。公司的目标是提升公众对其公司技术优势的认知(这可以帮助其吸引和留住优秀的员工),以及其将智力资产转化为现金的能力的认知（股东和潜在的投资者通常会关注这点）。特许经营以及对特许经营的这种认知帮助 IBM 公司成为众所周知的创新公司。

加强生态系统

特许经营同样被用作获得生态系统利益和支配竞争者的战略工具。诺基亚公司在 1998 年就作出了这样一个决策。当时本世纪最成功的特许经营商微软公司决定将 Windows 系统特许给手机企业。微软公司的决策对手机行业的企业造成了戏剧性的影响。它们决定在微软涉足该行业之前尽快创建一个标准。诺基亚、索尼爱立信、摩托罗拉、得逻辑（Psion）和三菱公司一起成立了一个叫做 Synbian 的协会来研发和特许它们自己为手机提供的操作系统软件，这种系统能够提供新一代界面和功能。这对诺基亚这样一个综合性公司来说意味着重大的转变。诺基亚公司将它的 Series 60 用户界面连同源代码一起进行特许经营。尽管微软公司取得了一些进步，世界上许多著名的手机制造商——包括 LG 电子、联想集团、松下、三星、Sendo 和西门子公司——都在特许经营诺基亚公司的 Series 60 操作系统，这些都是诺基亚公司的竞争者。

实质上，在诺基亚公司的示范作用下，这些公司已经对手机世界的创新有了全新的看法。而不是将创新看作带有包含了新技术形态和功能的切实的产品，它们将创新看作是利益的框架和获取回报的途径。在这个例子中，获取生态系统利益的需要，刺激诺基亚公司选择了特许经营这个自己以前避开的商业模式，因为公司看到只有通过这个间接途径才能获得巨大的经济价值。

激发组织活力

特许经营可以被用来激励和刺激公司员工，方法就是为他们提供其他的途径来实现自己的创意，以为公司带来回报或其他间接收益。

第六章

例如，摩托罗拉公司就利用特许经营商业模式来将自己的知识资产商业化，从而避免丧失其价值。摩托罗拉研究院是该公司的研究机构，该机构就开发了一种将碳纳米管（Carbon Nanocubes/CNTS）应用到大型平板液晶显示器上的技术。这种突破性的技术可以使平板液晶显示器更加明亮、拥有更广阔的观察视角、具有更逼真的色彩，并且可以比使用当前技术的产品更低廉的成本来制造超薄显示屏。摩托罗拉公司将这项技术称作"纳米发光显示屏"（NanoEmissive Display）。

摩托罗拉公司副总裁、Early Stage Accelerator 总经理吉姆·奥康纳（Jim O'Connor）看到了这项创新，并决定在未来的发展中进行投资。他说道："我为这个项目批准了 ESA 大约 10 亿美元的资金，但是在过去的 15 年中，我们大概只投入了 2 亿美元。"他的投资创建了一个典型的例子，所以摩托罗拉公司和其他制造商参照这个例子来使用这项技术。奥康纳说："在创新领域发生的故事和橄榄球比赛领域发生的一样。队伍将球带到五码线附近就会停住，他们不能把球带过球门线，因为最后一次赌注是最难的一部分。"[9]

这个例子证明纳米发光显示屏具有很大的发展潜力，但问题是如何以及怎样将其商业化。摩托罗拉曾经尝试进入电视制造业，奥康纳也想过合作制造新型电视，但是最后都放弃了。"我们认为我们不想生产平板显示器，"奥康纳说，"经过评估后，我们发现这个项目最好的商业模式就是特许经营。这是最好的商业模式，低投入，高产出。"

就在摩托罗拉公司还在与几家大的平板电视生产商谈判特许经营业务的时候，公司已经获得了非现金收益。奥康纳说："其中之一就是品牌得到了强化，实际上我们研发的这项技术强化了摩托罗拉是一个创新公司的品牌形象，这是一场大买卖，因为很多人已经遗忘了这点。"对摩托罗拉公司来说还得到了另一个好处。"它帮助公司员工看到，我们正在创造，我们创造了新事物。这会帮助员工建立一种自信的感觉。'噢，太棒了,我们做到了!我们实现了这项技术。我们打败了 NEC,我们打败了三星公司。'对员工来说,让他们感觉到生命充满了力量是件大事。"

特许经营的风险

为了获得最大的现金回报,特许经营许可者需要不断聪明地在整个创新过程中对智力资产进行管理。如果没有这样的关注的话,特许经营将会面临巨大的风险。特许经营许可者会面临一系列独特的风险和挑战,这些风险会对商业模型潜在的资金回报有不利的影响。

成功的特许经营许可者一定拥有很强的保护措施、创建了行业标准或者对技术具有绝对的掌控能力。因为它们没有切身涉足商业化或者运行的过程中去,所以当技术优势丧失的时候它们没有其他的屏障来保护利润。特许经营许可者必须努力与终端市场保持联系,这样才能获得开发消费者需要并愿意购买的更好创意和更高技术的知识。特许者也必须能够保护自己的专利并且主动保护自己的创新成果。实际上,特许经营者必须通过采取额外的商业模型来保护自己的专利不受被特许人的侵害。"大多数公司都不想自己的竞争者能够特许经营一项技术并且创建一个标准,"飞利浦公司的郝爱德(AdHuijser)这样解释说,"即使它们在接受别的公司的特许经营,它们也会尽可能围绕这项技术精心策划来避免支付特许费。这就是为什么我们要在制造领域加大投资的原因。我们必须加大对行业标准的控制力度以避免其变得不相关。"[10]

除去这些风险外,特许经营良好的专利技术(比如 CDMA 和 DVD)能够为研发者带来超额的潜在利润。这就是为什么如此多的公司目前都致力于能够为本行业带来行业标准的研发活动的原因。如果能有机会进行特许经营的话,它们也想分得一杯羹。

生产特种化学产品的德固赛(Degussa)公司就深刻理解了特许经

第六章

营的风险。该公司在世界上大约40个研发机构雇用了2 900名员工，这些人为公司的销售团队创造了源源不断的新产品以供推广。公司大多数产品基本上面世都不超过五年。尽管德固赛公司一直是一个整体，但是这次它们打算为一种由公司技术和创新部门Creavis研发的新产品采用特许经营的模式。

为什么公司会变换经营方式呢。因为这个新的化学产品面向的是一个单一的、非常专业的行业，而这是德固赛公司从前没有进入的行业。在分析这个新机会时，德固赛公司这些潜在的客户比其他行业的客户接受的速度更慢。这意味着新产品的现金曲线与公司以前使用的有很大程度的不同，需要更大的前期投入，获得规模效应需要更长时间，并且需要更多的支持费用，所有这些都意味着需要很长时间才能取得回报。"我们研究发现我们不能为这个项目投入足够的人力财力，因为我们还有其他的项目，"Creavis的负责人安德烈亚斯·古奇（Andreas Gutsch）说道，"我们决定将这个项目以特许经营的方式许可给另外一家公司，这个公司熟悉这个行业，并且能够在低利润和低销售增长率的条件下生存。"[11]

特许经营并非没有风险。"通常，如果我们对某个项目投入资源，并且在技术和市场领域有了一定的竞争力，我们就会对这个项目有实质的把握，"古奇这样说，"对专利进行特许经营并不意味着一定能保证在市场上取得成功，公司还需要具备市场智慧、客户关系以及许多其他方面因素的优势，才能保证成功。如果被特许公司在市场战略方面没有头绪的话，它们也就不能用特许经营来获得利润，因此，我们也不会给这样的公司特许经营的权利。"

这些特许经营的风险和挑战每天都在被具有创新精神的公司所克服。这些富于创新精神的特许经营商寻找途径使自己的产品更具"黏性"，能够确保在专利过期后一段时间内还能获取回报。例如，软件公司长期以来一直依赖用户界面的画面和感觉来吸引用户使用自己的产品，即使具备更先进的技术的界面已经开始商业化的时候。这就是当大型电子公司日渐提供相似技术的时候，TiVo公司所依赖的东西。

高通公司：商业模型英明的选择和变化

高通（QUALCOMM）公司的经历表明了机会和技巧在特许经营资本化的过程中都是必须的。该公司1985年由七个老兵组建于圣迭戈市，公司致力于开发CDMA技术并将其商业化，该技术目前已经成为许多无线网络的技术服务基础。在2005财年，接近90%的公司销售收入和基本收入都来自于两个商业分支：销售CDMA芯片组给手机制造商以及向所有使用CDMA技术的制造商收取专利费。为了支持这些业务单元，高通公司每年几乎花费10亿美元或者说收入的18%用于研发。

大多数高通公司的创新故事都是由于欧文·雅各布斯（Irwin Jacobs）博士的坚持不懈。他是公司董事会主席、前任CEO和CDMA技术最初的研发人员。他努力说服一些企业优先使用自己的技术。无论如何，这个企业的例子也代表了如何改变创新商业模式的英明的例子。

高通公司花费了数年时间来赢得客户的信赖。第一条CDMA网络于1995年在中国香港运行，第二年美国也有了第一条CDMA网络。[12]由于制造商推出CDMA手机的速度太慢了，所以高通公司开始自己制造。[13]欧文·雅各布斯博士在一次访谈中回忆道："我们认为最好自己持续对该技术进行商业化运作的研发，这样当行业标准建立起来的时候，我们就能快速地运行起来。如果产品制造的速度太慢，就会毁掉这项技术，因为时机是至关重要的。"[14]即使高通公司能够缩短将产品推向市场的时间，公司仍然不得不进行了大量实施后的投资。当高通公司的

第六章

产品推向市场后,竞争对手们纷纷开始生产 CDMA 手机,并且压低了价格和利润。

1999 年,高通公司作出了大胆的战略模型决策的选择:退出硬件市场,将精力集中于为无线设备商提供芯片以及通过特许经营的战略运营自己的智力资产上。当时,雅各布斯说道:"高通公司是一个技术创新型的公司。现在我们将与其他公司就包裹了塑料的芯片进行交易。"[15] 不管怎样,这个决策不是一件容易的事,公司的高层不得不为这样的决策承担相应的风险并且得到可能的回报。

由于高通公司的专利覆盖了整个 CDMA 技术,该公司很成功地将 CDMA 技术定位为第三代无线网络技术的行业标准。雷曼兄弟(Lehman Brothers)公司的分析师蒂姆·卢克(Tim Luke)在宣布的时候这样说道:"高通公司已经掌握了(无线网络领域)下一个千年的核心技术。"同时,由于将利润率低下的制造产业从公司里剔除出去也意味着,公司将有更多的资金用于研发,以保持技术领导力的地位。[16] 高通公司放弃了自己的制造业务,将网络设备制造业务于 1998 年卖给了爱立信公司,并于 1999 年将手机制造业务卖给了京瓷(Kyocera)公司。[17]

无论怎样,这样的决策都冒着极大的风险。在瞬息万变的信息沟通技术的世界里,对公司来说很难保持对自己的知识产权(Intellectual Property rights)的控制。[18] 行业标准的战争不是那么轻松就能获胜的,也很难断言高通公司的技术将会变为第三代技术的标准。[19] 竞争对手电信芯片制造商科胜讯系统(Conexant Systems)公司的 CEO 德怀特·德克尔(Dwight Decker)这样说道:"高通公司掌握了 CDMA 技术的基础知识,但是保持起来却很难。"[20] 高通公司也认识到对销售过程失去控制以及通过其他公司销售自己的技术给消费者的内在风险。

这次赌注下对了。CDMA 技术成为了第三代无线网络的行业标准,高通公司的特许战略产生巨额的回报。2005年,高通公司的销售总收入为57亿美元,净利润为20亿美元,这说明成功的特许经营战略会带来很有吸引力的现金曲线,这种现金曲线意味着很低的持续投入,并且大多数最终收入都超过预期。

但是即使特许经营战略对高通公司来说是成功的,它仍然有不利的方面。尤其是,特许经营可能会使生态系统中的关系变得紧张。特许经营被许可人将专利费看作"通行费",而特许经营许可人就是收费者。高通公司的总裁史蒂夫·奥尔特曼(Steve Altman)说道:"被许可人不喜欢付特许经营费,但是他们忘记了我们曾经在这个项目上的大量投入。"[21]

为了缓和生态系统的关系,特许经营许可人经常为被许可人的商业化努力提供支持和援助。杜比公司这样做了,高通公司也不例外。史蒂夫·奥尔特曼说道:"我们不只是为被许可人提供专利特许,还提供了很多方面的帮助。如果我们公司只是一个知识产权商店的话,公司就不会取得成功。使我们取得成功的是我们不但特许经营专利,而且使制造商更快速地将产品推向市场。"[22]

高通公司主动帮助制造商尽快推向市场的一个例子就是它推出的BREW方案,这个方案使用制造商最熟悉的C/C++程序语言写成的。这个方案是为无线应用程序开发的端对端(end-to-end)程序,它使得产品创新更容易实现,并且更容易获取回报。

特许经营战略同样需要公司密切关注相关行业的技术发展动态。正如史蒂夫·奥尔特曼所说的:"高通公司的员工也可以这样说,'让我们关掉店铺,靠后坐稳,就等着特许费用从天而降吧。'但这样做的结果只会带来一个短命的商业模式,因为技术更新实在是太快了。"[23]

很多公司不会考虑采用特许经营的商业模式,仅仅因为它们对这种商业模式的本质有误解,或者因为它们不熟悉这种模式。特许经营并不

第六章

是没有风险的,需要很好的管理技巧。但是有时候最好的方法就是将自己的智力资产交给别的公司生产并商业化,而别的公司为你付专利使用费,你只是为这些公司服务,当认识到这点的时候,你就可以通过特许经营战略来获得与其他创新商业模式匹敌或者超过它的回报。

第三部分 为获取回报而进行协同和领导

PAYBACK

第三部分

　　为了获取最大的创新回报,公司必须围绕创新过程调整组织,并且创新领导者必须积极、诚实和持续地支持组织协同。

　　在第七章,我们关注的焦点是围绕带来创新和创造回报应当对不同的组织单元、制度、行动、组织结构和过程怎样进行协同。我们探讨了组织协同必不可少的六个因素:个人责任、单位责任、公司范围内的责任、有利的状况、开放性和评估标准。

　　在第八章,我们探讨了世界上一些成功创新的公司领导者如何开展他们的工作。领导者必须在以下七个关键领域参与和作出关键决策:说服组织成员执行创新;分配资源;选择创新商业模式;做正确的事;组织再造;将合适的职工分配到正确的岗位;鼓励并主动承担风险。

　　在编后记"采取行动"中,我们提供了一些想法以帮助人们采取一些特别和实践的步骤以开始获取回报之旅。

第七章 协同

一个组织应该能够承担创新而且要为创新负责。
——西门子医疗系统公司特别系统分公司总裁，霍尔格·施密特

当高级经理们经常问道："我们公司怎样才能更具有创新性呢？"这个问题时，我们常常发现他们真正想要问的问题是："怎样才能提高组织在创新方面的投资回报呢？"我们还发现他们期待答案可能与组织结构有关。

如果说获取回报的秘密隐藏在一个特定类型的组织结构中，事情就好办多了。如果采取那样的组织结构，创新过程就会更有效地工作了。当然，这一点是不对的。并且大多数商业人士（包括问问题的那些人）也知道事情并非这样简单。

我们已经发现几乎所有的组织结构都可以是创新性的，并且几乎所有的组织结构都可能遭遇创新失败。问题的关键是协同。不同的组织单元、制度、行动、组织结构和过程是否都是围绕着带来创新和创造回报而协同工作？组织是不是一个大杂烩，一个一些支持和促进项目进展、一些阻碍项目的进展和一些在其他的目标上孜孜奋斗的群体的大杂烩？

所以既然没有一个简单的组织结构最适合创新，那么组织协同就变

第七章

得十分重要。协同或者缺乏协同会影响创新的每一个层面,包括产生和评估过程的创意、现金曲线的形态、商业模式的功能和公司获取回报的能力。

不幸的是,很多组织对创新的影响是负面的。这是因为不管多么先进的组织都是被设计来控制、标准化和减少风险的,可这些特性却是创新的敌人。这就是我们在2006年某期《商业周刊》上发表的文章"创新过程中高层管理者调查"(Senior Management Survey on Innovation)中提到的问题原因所在。文中指出很多经理认为"我们过于集权,或者权力过于分散,或者权力分配不稳定"、"我们需要作出太多的群体决策"或者"责权分配不够"或者"我们对回报的关注不够"和一个常见的现象:"内部部门使得创新和创业变得很困难"。

但是任何规模和形态的创新型公司都会寻找方法去克服这些困难。在我们和《商业周刊》所作调查中,我们发现世界上创新型公司按照降序的排列如下:苹果公司、Google、3M、丰田、微软、通用公司、宝洁公司、诺基亚、星巴克、IBM。

这些公司具有大不相同的组织结构和文化,然而它们都将其调整为围绕创新和获取回报。相反,那些仅获得有限创新成功的公司并没有组织协同,并且缺乏组织协同是由于以下的一个或多个因素:

➢ **创新战略和商业战略产生了冲突**。公司基本的商业战略是用于计划获取和建立竞争性优势的,而创新战略可能并不支持它。创新投资或者太高或者太低,也可能投资到了错误的领域。结果就是:产生的创意和发明是公司不想销售或销售不好的。资源方面的投资没有提高公司整体的素质,并且没有产生足够的回报。

➢ **创新只是停留在口头上没有获得支持**。领导者说他想要将公司转变为创新型的公司。但是在创新能力方面的投资却很少。公司调研、发展、技术和制造事业部都想获得及时的回报,比如压缩成本和提高质量,而销售部门只是想卖出更多当前的产品和服务,却没有支持任何新的东西。公司的消费者一点也不掌握实情。造成的结果就是:公司并不知道如何开始"变得更具有创新性";创新领导人变得很困惑。

➢**创新是一座孤岛**。公司只是成立了一个很小的创新团队来产生创意和改造产品。创新活动被一个没有足够的授权和下属尊敬的领导者所领导,或者领导者的努力被不恰当的衡量机制所干扰。研究和开发部门想要提升当前产品的附加价值,而技术制造部门则着眼于开发新产品。结果就是:创新部门产生来了很多创意,其中的一些获得了内部投资,但是只有很少的投资获得了回报。

➢**创新过程是零散的**。领导者没有为创新花费时间。研究和开发部门与消费者没有过多的联系。而销售部门则关注的是季度销售数据。产品支持部门在投放市场后不久就停了。结果就是:新产品一旦投放市场,就会逐渐枯萎,然后很快从市场上消失。

➢**当前核心产品独占创新资源**。领导者支持创新。公司一个产品或品牌由于占有很大的市场并带来了很高的利润,从而占据了很大的优势。没有独立的部门对于核心产品外的创新活动负责,或者即使有这样的部门存在,它们却没有获得足够的支持或有足够的影响力来采取实质的行动。领导者也没有从核心产品中重新分配资源给创新产品。结果就是:新产品没有获得资金或者商业化运作。支持创新行动的做法被批评为"压榨商业"。

➢**考核标准混淆了创新目标**。领导者支持创新,并且有足够的创新能力。但是主要的考核标准却起了阻碍的作用。例如,产品的考核标准是压缩成本。销售人员的考核标准是销售业绩。结果就是:新产品没有得到足够的重视,导致质量不合格的产品最后进入市场,

第七章

或者创新只获得了很少的一点投资。

以上所有这些"未协同"的方面对公司获取回报能力都会有消极的影响。相反亦然。

花旗银行：作为一系列前进步骤的协同

花旗银行新兴市场的商业故事显示了很多公司围绕创新的协同对于创新都是很重要的，尽管这种调整可能很小。

2000年夏天，维克托·梅尼斯（Victor Menezes）被任命负责领导花旗银行新兴市场商业项目，他负责调查这一市场对公司成长的潜在影响。公司声明中写道："通过为这些新兴市场建立简单的管理结构，公司调整了自己的运作机制以对潜在的成长和该行业内消费者的需求作出回应。"[1]梅尼斯决定将创新作为一条最佳的提升公司环球90个国家内包含新兴市场商业项目的途径，这种新兴市场商业项目有5 000名员工，每年收益在100~110亿美元之间。

他们成立了一个创新团队，团队领导者是克劳斯·弗里斯（Claus Friis）。"我们对现有商业创新模式进行了彻底的评估，"弗里斯告诉我们，"基于评估结果，我们得出了三条主要的结论。我们有很多的创意来产生新产品和服务，但是缺乏获取大的潜在回报的严格的执行力。决策过程是官僚性的，并且没有人对创新过程负责，并且我们发现很难将一个国家的创新成功复制到另一个国家。"[2]

为了解决这些问题，他们采取的第一个步骤就是设立一个称为创新催化剂（innovation catalyst/IC）的职位，这些人是主要的创新者（创新的主要推动力量），而不是创新协助人（教育和向导的角色）。每一位IC都对特定国家或地区的整个创新过程负责，并且拥有组织赋予的权威,而将赢利的责任留给直线经理。

IC 职位的候选人需要具备很多的优良品质,其中包括在本地或国家具有很好的名声以及很高的职位以作出改变;对商业运作有彻底的理解和对整个产品和功能具有丰富的经验;具有合作的方法和良好的简便技巧,以及对于突发事件和制度有良好的直觉。

这些 IC 职位的人员被挑选出来,参加一个为期一周的训练课程,然后为他们安排相应的工作。他们一个任务就是建立一个创新蓝图,这个创新蓝图应该体现创新过程的基本工作,而这些过程结果应该能被所在国家很容易地采纳并且能够适当地修改。毫不奇怪,一旦这个项目实施的话,在 IC 人员的素质和组织获取创新成功二者之间就有了一个联系。

例如,埃尔索·佩雷拉(Elcio Pereira)是拉丁美洲地区的 IC 人员。当他开始执行创新战略时,却发现同样的战略已经于 1994 年在巴西执行过了。那时一个团队曾经用再造工具描述创新过程,并且识别出了 70 个差异、冲突和不相关性。巴西团队修补了创新过程,并且很快有了效果。尽管其他国家模仿了巴西团队的做法,由于该国领导团队没有提供足够的支持,所以没有获得相应的成功。(不管怎样,这个创新过程在巴西依然起作用,并且还在创造积极的结果。)[3]

佩雷拉不想看到同样的事情再次发生,所以他为花旗银行拉丁美洲公司召集了 50 名高层领导共同讨论新过程的初次运行。在会议结束时,他已经确保承诺的兑现并获得了大笔订单,并且他们在大部分目标和标准上达成共识。特别是每一个国家都承诺把"创新指标"翻一番,从当前的 7% 提升到 15%,所谓的创新指标就是指在过去两年中推向市场的产品和服务在过去 12 个月中收益的百分比。他们同意为了在新的一次性产品(例如一次性投资银行交易)和新的年金收益之间建立更好的平衡而努力;他们同样在缩短产品面世时间、加快决策制定过程、缩短提升规模的时间和为了共享有关成功创新的知识做一些更好的工作方

第七章

面达成了共识。[4]

  创新任务要求将首创精神作为执行创意的关键,并且需要着重关注以下四个主要方面:产生创意、决定和赞同、执行和复制。[5]

  为了提升产生创意的能力,执行创意的部门创建了一个"客户秘密工具箱",其中包括大量的计划和形态。月度客户计划主要围绕和代表公司客户利益的团队的全日会议来展开,会议中心内容就是识别客户需求并通过脑风暴得出创意;商业需求小组识别客户需求并尽可能为整个产业寻找出路,来自客户的代表常常出现在这样的场合;客户宏观系统工具可以让花旗银行团队分析客户整个宏观系统(例如与供应商、政府和其他部门的关系)以发现获利机会。[6]

  每一个国家的 IC 职位同样也是新创意的初始接收站。过去,员工们需要向评估委员会为他们的创意作一次正式陈述。委员会有权利当场拒绝一项提议,他们经常当着很多人说不同意。由于委员会不断地否定对有想法的员工会有负面的影响,所以很多员工渐渐地选择不提出自己的想法。有了这一个新过程后,无论如何,员工们可以将自己的想法和 IC 人员进行非正式商谈。IC 人员通过查阅公司创新数据库(所有创意的仓库)以确保该创意是新的并且值得去努力。如果确实是这样的话,IC 人员将会帮助员工提炼和修改创意。他们同样会和客户交谈以观察他们对于新创意的反应,并且观察新发明或创意是否有真正的市场需求。[7]

  一旦证实了新创意,IC 人员将会将其呈交给 Magnet Team(MT)以寻求他们的同意。MT 团队是一个专门的、高层多功能团队,其中包含产品领域、商标、风险、税务、财务、运营、技术等部门的成员,每一个成员都有相同的权力。MT 团队成员每天下午 4:30~6:00 必须在公司,以防止 IC 人员召开创意评估会。每一个 MT 成员都必须指派一名同事,以代替他参加自己缺席的会议。通过这样做,MT 团队就通过确保全公司高层代表参与和在固定时间召开会议实行了一个一票否决的投票过程。[8]

MT过程的主要改进是它减少了重复工作和逐个部门调查意见的麻烦。员工一旦将自己的创意提交给MT团队，他们将立刻寻求问题并表示出足够的关注。所有MT团队的决定都会当场记录在案，并且呈交给高层管理者。身处纽约的花旗银行高层经理对创意表达自己的看法需要一系列的程序。MT团队在这期间会一直协调工作，直到最终作出决定。[9]

一旦一个创意被MT团队证实可行，他们就将创意提交给交易团队（Deal Team/DT）去执行。DT团队由多个部门的被授权的成员组成，并且由一名交易冠军所领导，而这名领导则由MT团队任命。DT团队按照MT团队批准的条件和状况来为创意的整个实施过程负责。[10]

如果市场状况相同并且创意被证实相关的话，就可以使用几个工具将成功的创新经验在国家和地区之间进行交流。这种创新交流办法在使用前，花旗银行经常会发现其在一个国家成功的创新方法很快就被竞争对手在其他市场上成功地复制。[11]为了进行反击，佩雷拉使用产品论坛和客户方法会议来督促新产品的产生。产品经理同样需要辨别成功具有相关性的领域以希望有针对性地宣传创意。使用知识系统来将成功创意进行备案，因此能为所有拉丁美洲国家提供成功创意的数据库。[12]

评估创新表现同样是项目的一个主要部分。当每一个国家的创新指标作为评估进步的首要标准时，许多其他的指标也会被使用，其中包括循环时间（从创意到投产或第一笔交易）、所产生创意的数目、所同意投产的创意数目、转化率（投产的创意和创意总数目的比）、产品方面的创意回报和客户方面的创意回报。[13]

为了加强新的创新行为，他们同样使用了相应的奖励和激励措施。

第七章

每一季度,在拉丁美洲都会发放两份创新奖品,同时发放的还有两份模仿奖。每一项奖励的标准都是基于回报、团队建设、速度和管理的复杂程度来制定。为了庆祝获奖,公司每季度都会举办网络颁奖典礼(该展览由拉丁美洲公司 CEO 和投资银行举办)来发放奖品并提高成功创意在整个拉丁美洲公司的知名度。作为从奖励中分离的一部分,他们同样提供了小额奖励以奖励那些在创意建议、创意选择和创意成功执行方面作出贡献的人们。通过使用不断的小额奖励和在拉丁美洲公司公开举办的季度奖励,花旗银行能够激发起人们进行创新活动的热情。[14]

花旗银行整合创新过程的结果就是,新兴市场商业渐渐更能接受和执行新创意,并且能够超越地理范围来模仿其他成功的创新活动。另一个结果就是业务单元提高了新产品和创意在当地的回报,从开始执行计划时的 7%,提高到了两年后的 16%,超过了 15% 的目标。在一些拉丁美洲国家里,创新过程是由该国的 CEO 个人领导,他们的创新指标超过了 30%。

公司如何协同

协同在每个公司看上去都很难,因此,将这种状况描述出来也和执行一样困难。协同意味着公司的商业战略、创新过程、创新商业模式、组织和领导方法都必须向着支持创新过程和完成公司回报目标而进行调整。(当然也可以围绕不同的商业活动进行调整,例如并购和减少成本,但是别期望这样的调整会带来创新。)

尽管可能并不完全,以下列出了创新企业应该关注的最重要的几个因素,其中包括:

➢ 个人责任

➢ 单元责任
➢ 公司范围内的责任
➢ 有利的状况
➢ 开放性
➢ 评估标准

个人责任

创新活动需要由一个主要的人来负责。需要有一个人每天早晨起来就考虑当天如何执行一系列必须的以及和创新相关的任务,并且考虑如何激发组织的员工去完成。那个人必须担负起公司汇报目标的责任,并且衡量公司达成目标的能力。

大多数组织里没有设置这样的工作职位。如果你问公司CEO或者总裁谁为管理创新过程以及确保汇报目标负责时（正如我们经常问到的）,他们很少回答"我"。其中一些人会承认事实上是自己在负责,但是即使这样,他们也很乐意承认自己并不是很积极地参与管理创新过程和为创新结果负责。

很少有公司设置有"创新带头人"这样的职位,这样的职位就如同创新副总裁或者创新办公室主任。即使有,大多数这样的职位也只是很少的权力、稀少的资源并且没有得到总裁或者全公司实质上的支持。结果,那个职位上的经历和创新组织很快就被忽视,并且成为创新的威慑。

不管称作什么头衔,有两种主要的方法来定义为创新负责的职位:创新协调员（the innovation facilitator）或者创新主管（the chief innovator）。他们以不同的方法运转,并且具有不同的功能。

创新协调员。创新协调员基本上是一个教育者、拥护者和建议者。协调员通常拥有一个团队,他们的职责是使组织认识到创新的重要性、标准化和传达创新词汇、提供一系列的工具、提供培训,并且确定衡量标

第七章

准。通常由业务单元来决定是否使用以及如何最好地使用创新协调员提供的创意,并且向公司总裁咨询以及寻求支持。

对那些从一些其他战略联盟进行根本创新的公司来说,创新协调员是一个尤其重要的角色,这是因为组织内的员工不得不改变工作态度,并且学习新的技巧和行为方式。教育、执行、评估标准和沟通工具及方法不得不从头开始建立,创新协调员必须一直参与进来直到这样的过程完全建立。理想的情况是,创新协调员的职位彻底消失(或者他们的工作内容发生了彻底的改变),这是由于创新的行为方式已经深深融入到了组织中,已经不再需要不断、强烈的公司范围内的教育了。

创新主管。创新主管主要为整个创新过程全盘负责,以及作出两难决策。创新主管不会自己去做所有的事情,但也不允许组织无作为。他们在必要的时候会清理瓶颈问题,同时关注战略和战术问题,并且他们有职务权力和个人影响力来运转创新过程。

创新主管是一个通常由CEO或董事会主席担任的职位,尤其是当公司从一个不同的商业战略(例如,压缩成本、兼并和收购或者地理扩张)进行创新时。如果确实是那种情况,公司CEO通常是作出从公司当前关注的领域改变战略联盟并转移到创新活动的决策的唯一人选。

史蒂夫·乔布斯(Steve Jobs)是一位创新主管,他密切地关注创意有效性、提供给消费者的及时性以及客户是否愿意购买。另一个既是核心管理人员也是创新主管的人是崔道锡(Doh-Seok Choi),他是三星公司总裁和首席财务官。

大约十多年以前,三星公司还被认为是一个生产仿制产品和中低质量电子产品的公司。三星公司的名字还没有被认为是一个名牌,还和其他亚种品牌一样默默无闻。从成本战略转移到创新上面需要崔总裁密切的关注,由他担任创新主管的角色。他还是公司首席财务官,在三星公司,创新的目的通常是为了获取回报。

那些没有创新主管的公司,或者创新主管没有完全投入或者没有能力管理创新过程的公司在创新过程中会遇到麻烦。

例如,在一家大型消费品生产企业里,公司CEO将公司发展引向了一条创新之路。尽管他没有担当创新主管的职务,他还是让这颗创新之球正常地运转。他首先关注创意的产生和商品化的问题,企业也就逐渐适应了产生和评估新产品创意和商品化的节奏,能够快速地将这些创意商品化,并且能够快速地提升生产能力。然而,在商品化和实现的可能性之间存在脱节。由于销售团队以及分销渠道没有全部参与到创新过程中,并且没有资源或激励机制去销售或者支持雪崩一般压到头上的新产品销售压力,这样就会将他们压倒。

很自然,销售团队对于自己理解信任和能够获得有效支持的产品更加关注。现有产品(通常已经发展到一定的规模并且大多数有很高的回报潜力)基本上不需要太多投入市场必须的支持。由于以上的脱节,毫不奇怪,他们就不能完成销售目标,并且被公司认为销售失败。不但回报受到消极的影响,员工之间也感到困扰并且开始因为没有回报而互相指责。如果有一个人对创新过程负主要责任的话,部门之间的脱节就会被克服,整个创新过程会被联结起来,也能够获得相应的回报。应该能够创造的数亿美元股东价值消失了,就因为商品化和实现的可能性之间的鸿沟。

单元责任

创新公司通常会建立以特别的方法鼓励和支持创新的小群体或分散的单元。有一些单元是创新的温床,它们会鼓励、寻找、评估和提升更多种类的创意和发明;有一些单元关注单个新产品或服务的创造,并且在公司正常运转的程序之外去运转,看上去是一个不受人欢迎的工作;其他单元的功能就像内部风险资金或赞助商,选择和投资创意并将它们

第七章

实现商品化；另外的一些扮演着不同的角色。它们关注那些有巨大的潜在回报但是需要现有业务单元投入相当大的努力来追求的创意和机会。

例如，摩托罗拉公司 Early Stage Accelerator（ESA）部门的主要职责就是评估有关新产品或服务的内部创意，调查回报潜力，以及加速创意孵化过程以确定创意的有效性。有时候，ESA 的工作就是发现那些被闲置的好创意并使它们重生。有时它会支持一项在公司内没有引起足够重视的有前途的发明。一旦 ESA 部门发现了大有前途的机会，就会很快建立雏形、进行前期试点和市场调研，并且会快速制订商业计划，其中包括该使用哪种创新商业模式。

"我们会加速、督促创新过程，并使之商业化。"摩托罗拉公司的吉姆·奥康纳（Jim O'Connor）解释道，"我们就像一个中层领导说，'好吧，伙计们，我们能够能将它变为一件产品。'我们采纳那些被人忽视的意见、技术和概念，并将它们转变为我们能够赚钱的东西。"[15]奥康纳认为，这个职位是必不可少的，因为公司业务单元只是关注现有客户，完成现有赢利目标，并将他们所有的精力投放在产品扩展或者产品功能上。该团队已经支持了超过 30 个项目，其中有六个已经成为摩托罗拉公司主要业务。

公司范围内的职责

既然创新一定是某人的主要责任，那么恰当地给予支持就是每一个人的工作。各种各样的创意可以来自任何地方。公司的高层经理或者调查人员不一定比营业厅的员工或者每天与客户接触的员工更能带来产品或过程创新的创意。

例如在三星公司，每一位员工（不只是产品设计或工程师）都将工作的重点放在思考如何创新上。我们在位于韩国首尔市器兴地区的每一位员工身上都能发现对改变和保持不断改变的渴望，不断的反复思考，以及不断革新的品质。一位员工更是对创新倍加推崇："我们认为在三星公司每一位员工都能对创新作出贡献，不只是产品发展部的员工。通过创新我们不断打击竞争对手，并且很大程度上提高了三星公司的市场地位。"

器兴分公司拥有25 000名员工，示范了该公司是如何将创新融入到公司每一个商业角落，以及如何让创新成为每一位员工工作的一部分。半导体事业部的战斗口号是"以游牧人的精神创建未来"（creating the future with a nomad spirit）。每一位员工都被号召起来做一个团队核心、先锋队和创新者。三星公司创新活动的底线是要造成某种程度的冲击，这种创新活动随处可见。

一个确定创新是每一个人的工作（并且每一个人都对创新工作有一致的理解）的方法就是精确地描述创新的语言以及它是如何在整个公司贯彻的。三星公司的崔总裁告诉我们："有关我们如何齐心协力、全力创新的首要答案就是员工们所使用的语言（核心词汇）是统一的。公司董事会制定战略，并且公司每一位员工都能清楚地理解战略的含义。每一个人使用同样的语言。这是一个大创新。李健熙主席说道，'你必须准备改变除了妻子和孩子外的所有东西来获取成功。'统一语言和取得共同的理解显然很不容易做到，这是一个长期艰难的工作，我们还在为此而努力。"[16]

我们在整个公司上下看到员工们统一使用同样的信息在进行沟通，并且大多数使用的是同样的话语。

有利的状况

尽管我们曾经说过，缺乏创意对大多数公司来说并不是一个问题，但是对一些公司来说确实是，并且没有公司拥有很多能够有潜在巨大回报的创意。不管怎样，过去15年来，很多公司已经采取了一些减少组织

第七章

内部员工提供有可能创造巨大回报的创意的可能。

创新公司的领导者认识到了创造支持创新和鼓励创造力的环境很重要。正如雷诺(Renault)公司工程和质量执行副总裁让-路易斯·瑞考德(Jean-Louis Ricaud)所说的:"我认为我们有必要保护那些有创意的员工,为他们的创造力提供一个好的环境,并且我们需要对他们提出挑战和鼓励。"[17]

不管正式的公司组织结构是什么,以下六个因素能够帮助员工在创新过程中更加有效率,尤其在产生创意的阶段:

- 思考的时间
- 钻研的空间
- 深刻的专业知识
- 刺激
- 挑战性的环境
- 动力

思考的时间。许多公司都撤销了曾经用来处理与不能产生即时效益产品和服务有关的事件和创意的职务。过去曾经有时间来思考的员工经常要承担更多的新任务和更大的责任,他们的思考时间被压缩或者根本没有时间思考了。

大多数经理都承认他们没有更多的时间去思考更多超越当前工作范围的事情。"当你不得不花费所有的时间考虑当前职位上数百万的问题时,你就不能思考更多新的问题。"一位经理这样告诉我们。我们的调查表明大多数公司白领目前只有远少于5%的时间用来思考他们认为可能产生新创意和想法的行动。

创新型公司允许(甚至鼓励)它们的员工花一些时间考虑新事物。

博世公司（Robert Bosch GmbH）就是这样，"希望员工能够基于深入的调研基础上形成创意，部门领导和事业部领导者需要利用下属最少5%的个人能力用于开发新创意而不是讨论他们该将这部分员工能力如何利用。我们这样做是因为如果你有一个创意，并且10分钟后去讨论为什么这是一个好创意，这样做很容易就会扼杀掉一个创意。"博世公司管理董事会代主席西格弗里德·戴维斯（Siegfried Davis）博士告诉我们，"后来，他们才考虑投资的可行性问题，因为天下没有免费的午餐。而不是提前讨论。"[18]

钻研的空间。员工们需要生理和心理上的空间，需要这些思考和梦想的自由，就像划出一片用于员工踱步思考的区域一样。当员工们认为自己是环境的一部分，而这种环境允许思考，并且"疯狂的"想法也能被接受时，他们就感觉被许可去思考新的甚至是有风险的创意和方法。

例如，我们的一个客户发现特定的地理位置（例如澳大利亚和南非）是创新的温床。他相信这是因为那些在这些地理区域的有天分的高层管理者有他们需要的获得大量好创意的地理环境，他们受到公司中心的控制比较少。他们同样有全系列的实现和进行商业化创新的职责和能力，而如果创新过于集权的话，情况就不是这样子的。

深刻的专业知识。创新的另一个需求就是掌握或拥有大量的有关事件、问题或调查的专业知识，如果你对这些知识一知半解或者一无所知，那就不可能带来创新的建议。尽管突破性的创意者通常是来自学科外部的局外人，但是他们通常掌握了某种与创意相关的深刻的专业知识。

蓝色发光二极管和蓝色半导体激光的发明人中村修二（Shuji Nakamura）为掌握专业知识和获取创意的关系提供了一个很好的例子。自从1979年从德岛（Tokushima）大学电子工程硕士专业毕业后，中村修二先生就加入日亚化学公司（Nichia Corporation）担任研究人员。

第七章

他就和同事及助手组成了一个团队,获得了很好的财务支持和自己的研究设备,他们花费数年时间学习有关发光二极管技术的知识。1988年,公司派中村修二博士去佛罗里达大学学习,在那里他对相关技术有了更进一步的理解。1993年日亚化学公司宣布中村修二先生已经成功制造出了蓝色发光二极管。"我将它称为一项绝对非凡的技术发明,完全依靠自己的力量。"[19] IBM公司科学和技术经理比尔·雷斯(Bill Lenth)这样说。

蓝色发光二极管技术推动了多功能二极管的发展,并且同样带动了白色发光二极管的发展,这可能会最终彻底替代传统的白光灯泡。[20] 通过利用中村修二和他的团队的发明成果,以及合并许多其他工程师和科学家的成果,日亚化学公司取得了更进一步的技术进展,1999年宣布蓝紫光半导体激光管的发明。这为蓝光光驱和HD-DVD高容量光盘这一类的媒体和数据存储产品提供了技术基础。没有中村修二的成果的话,日亚化学公司就不可能攻克蓝光二极管的技术难题,也没法让人信服地断言有这种技术的存在,也就不会向这方面努力了。

公司压缩了时间和空间投入的行为妨碍员工们发展专业核心知识的能力。特别的是,减少了教育和培训的公司常常会发现公司对核心专业知识的掌握没有以前那么深入,并且有时也发现没有竞争者或者合作伙伴掌握的那么深入。此外,由于人们没有了思考和研究的时间,以及工作变换的迅速,这种现状已经进一步消耗了许多公司的知识储备。

更糟糕的情况是,当未来几年那些有经验的一代工人大量退休时,许多国家(包括日本、美国、许多欧洲国家和加拿大)将逐渐面临严重的知识危机。因为他们是本行业的专家和知识来源,而这是创新的燃料。

刺激。如果员工拥有了思考的时间和空间以及大量的专业知识,当他们在思考过程中得到来自其他人的影响以及在研究不属于自己的创意过程中的刺激时,他们通常会带来更多更好的创意。"新创意或者独

特的创意来自于不同文化背景或不同思考方式的人之间的冲突，"SONY公司高级执行副总裁和执行官特鲁阿科·奥科（Teruaki Aoki）告诉我们，"管理来自不同文化背景的员工很不容易，但是一旦妥善管理后，我相信你可能会看到新的不同的东西。"21

卡瑞姆·莱克哈尼（Karim R. Lakhani）是我们的同事，也是哈佛商学院的助理教授。他进行的一项研究表明了外部创新资源对公司创新过程的重要性。莱克哈尼和他的同事在 InnoCentive.com 公司作研究，该公司定期将财富 1 000 强公司未能解决的科学问题有选择地发往该网站的 90 000 名科学家。科学家们选择有兴趣的问题进行研究，并找到解决方案以期望获得一定的奖励。莱克哈尼和他的同事们发现，73%的找到解决办法的科学家认为他们的解决方案在一定程度上是基于自己以前的创意，或者别人提出的而自己又有一定研究的创意。22

按照莱克哈尼的说法，在科学家成功解决问题和科学家暗示这个问题超出自己的专业范围或者在专业范围的边界线上之间有一个统计学上的显著的相关性。实际上，外部科学家属于跨学科研究，他们采用的是不同的知识，他们看问题用的是一种新的眼光并且有新的看法，他们会说："我们已经在我们的领域解决了这个问题或者相似的问题。"

我们已经和不计其数的经理们探讨过，他们都说最新最好的创意，尤其那些解决长期问题的创意，通常就是由这种"清新的眼光"所激发。创新公司不断想办法为工作场所带来新的影响，以鼓励员工探究外部新创意，其中包括参观博物馆、分发励志型的书籍、演讲系列等。例如，欧文·施罗丁格（Erwin Schrodinger）针对基因的本质和物理与生物之间潜在关系的演讲被认为鼓励物理学家研究生物（反之亦然），这对分子生物学的创立有很大的贡献。23

挑战性的环境。 在对创意进行评估和保持不断关注的环境中，创意被创造、测试、精确化并获得提高。而在另一些环境中，创意并没有得到

第七章

很好的重视。实际上正确地询问有关创意的问题是能够经得住市场考验的创意发展的关键因素。博世公司的西格弗里德·戴维斯博士这样认为:"最复杂的事情是考察相关问题,这些部分将会决定创意未来五年的发展情况。这是最具挑战性也最必需的决定创新和未来成功的任务,你应该确信是否询问了正确的问题。"[24]

在高度创新的公司里,人们不断地提出、讨论、积极地挑战、测试、探索和考证创意。任何问题都会得到解决。任何问题也不会被忽视。在这样的环境中,人们会对创意进行深入的研究和探讨。"为什么?"是人们常常听到的问题,同时还经常听到"为什么不?"、"为了实施这个创意应该做什么工作?"和"这个创意能给客户带来多少利益呢?"

LG公司有一个很成熟的方法用来确保对创意的挑战是创新过程的一部分。这个方法的中心就是拆解及重新设计(Tear Down and Redesign,简称TDR)行动,该行动主张将创意或产品概念彻底拆分,并重新构建。这个TDR过程是LG公司电子家电CEO金双秀(S.S.Kim)于1995年提出的。TDR由六个主要因素构成:跨部门团队、严格的时间限制、对关键问题的关注、延伸绩效目标、团队成员的全过程参与和专用的TDR共同工作的场所(在LG电子家电公司每一个主要工作区域都有TDR房间)。[25]

我们参观了LG公司数字设备公司位于Chang Wong分公司的TDR房间。进门前,参观者必须通过几个安检门,在职员工可以通过视网膜扫描通过。很多个由8~15人组成的团队在TDR房间工作。被选为团队成员是员工们很大的荣誉。他们知道自己在这里将会被挑战极限,并且他们乐意这样做,他们在TDR房间度过的这段时间将是他们职业生涯中最富于挑战的时光。

我们发现这些团队成员工作都很热情,他们定期向分公司的负责人准备汇报工作,并且整个家电公司的总裁也会参加。他们知道这种会议并不是一次马马虎虎的评估。总裁一定会问重要和难以回答的问题。如果他对答案不满意的话,这个项目很可能就会被当场否决掉。总裁也会很好地做准备工作。每个月他都会收到每一个团队在三个方面详细的发展报告:创新的目标财务绩效、特定项目的关键绩效指标(KPIs)和获得的新知识。

家用电器分公司的李总裁告诉我们,他们有200个这样的项目正在运行,他可以通过每月举行的两天会议评估其中50~60个项目(过去的10年中,他已经举办了106场这样的会议)。通常来说,有一半以上的项目会对整个商业战略造成部分影响。其中10~20个是"皇家"项目,这种项目被认为会对商业模式产生主要的影响并引起人们广泛的关注、获得比其他项目更大的投资以及李总裁更强力的支持。在整个LG电子公司,TDR过程获得了高层经理的广泛关注,和员工的激励与奖赏结合了起来,并且一直是公司内谈论的焦点。[26]

动力。 最后,创新的过程需要员工被激励起来,以产生创意。许多人可以自我激励,他们天生就有一种期望做一些以前没做过的事或者解决一些让他们感到好奇的难题。但许多人需要别人的推动。

由于新创意通常暗含着需要组织去做一些从来没做过的事情,所以动力尤其重要。这通常意味有一片篱笆需要跨越和一些障碍需要克服。只有有足够动力的员工才能有精力和义务去承担面对逆境时的压力。创新的过程可能同样需要更多和额外的工作时间,随之而来的是对一个主意无止境的重复讨论,并且在遭遇失败和意料之外的时候要坚持下去。不管追求和创造创意的动力是来自内部还是外部(包括资金补偿、获得赞誉和提升机会),它们都是有效的。

索尼开发针对高端客户的电子品牌Qualia的一个原因就是激发自己的员工。这个品牌包含那些高价卖的高质量家用娱乐电器(例如,售价11 000美元的36英寸彩电,价格为7 000美元的CD播放器,价格为2 600

第七章

美元的耳机)。但这并不意味着它们是排他的产品,只是定位于富裕的消费者。这些产品是为那些想要更好地享受家庭娱乐的乐趣,并想要得到最好的产品的人准备的。"有人认为索尼的 Qualia 品牌产品只是为一小部分富裕的消费者所生产的,实际不是这样的。"索尼公司前任主席出井伸之(Idei Nobuyuki)说,"并不是那样一个简单的经济逻辑。"[27]

索尼公司高级副总裁和索尼公司电视事业部总裁 Makoto Kogure 在他办公室的一次会谈中这样解释这样做的原因:"电视已经是一个商业产品了。同时,我们的客户希望能从索尼公司得到些不同的东西。我们必须向他们展示我们正向什么方向努力,并且确信他们理解我们能做什么。但是我们的技术人员在阴极射线管领域努力了很久,他们更关心的是成本,关注产品的市场竞争力度。或许他们已经忘记了索尼公司本来是以建立极高的工艺标准而著称的。所以我希望他们关注最好的技术(最好的方案、最好的工艺设计),这些东西并不是一种商品。这当然是一项艰难的创新,一些人知道如何去做,而有些人却不知道。"他是如何克服这种思维定势的呢?Kogure 是一个很实际的人。他说:"我告诉他们花费真正需要的尽可能大的资金。我们在这些产品上总的投资金额并不是很多,但是我认为使他们相信世界上最好的电视是索尼公司制造的对我们的设计人员和他们的热情是很重要的。"

"当我首次告诉技术人员这样做的时候,"Kogure 说,"他们不知道该干些什么。但是很快他们就知道该如何做出最好的了。"[28]

开放性

公司和领导者可以在自己的范围内做很多工作来促进和管理创新,但是,他们慢慢地就会在公司外部寻找可用的知识和经验。

尽管"开放式创新"的主题已经得到了广泛的关注,大多数公司还是仅仅依靠少量传统的外部资源进行创新(例如,大学工程部门和客户),

并且仍然不能开放地寻找更多的外部资源。

按照波士顿咨询公司所有权创新标杆数据库的统计,有一半的高层经理认为自己的公司很好地理解了客户的需求并且也知道竞争者动向,并且对大学和相关行业发展的新技术有深入理解。但是当要使用这些知识时,只有不到四分之一的回答者相信他们能够通过合作者、供应商和学术界有效地更新自己的创新知识。换句话说,经理们能够很好地理解发生在身边的变化,但是他们不知道该如何成功地将这些知识运用到自己的创新过程中。

大多数公司看到为难的问题不是他们是否接近外部资源,而是如何接近以及如何分享任何因此而带来的奖励。那些严肃的从公司外部寻找创意的公司采用以下一到两个基本模型:侦察型或者灯塔型。

侦察型。 侦察型就是那些永恒地从公司外部寻找创意的公司。要有效地使用侦察模型有以下几个要求。最重要的就是公司需要知道他们正在寻找什么。如果仅仅只是寻找"好的创意",就很难变得有效。通常来说,最有效率的侦察型企业对自己寻求新创意和创新的专业领域有更明确的理解。第二个需求就是他们有能力找到自己关注的领域或者员工。

电梯制造商迅达公司是一个侦察型企业很好的例子。公司研究与试验发展中心主任卡尔·温伯格(Karl Weinberger)告诉我们:"我们不是一个简单的调研公司。我们很少同意一项开始预算为零的调研。相反,我们是一个很优秀的侦察者。我们有不同的技术管理团队,其中一个团队的主要任务就是寻找世界上可用的最好技术,并且寻找能将这些技术应用到我们的工艺中并满足我们的要求的方法。这是我们获得成功的秘诀。我们不一定自己拥有这些创意,但是我们发现别人的创意能够促进自己的发展。在寻找这些智力资源的过程中,我们从自己的投资中获得了巨额的回报。"[29]

第七章

在一次调研中,迅达公司发现了一种还不为人所知的新材料,并且在电梯设备中很有用处。电梯系统的一个最重要的部件是安全制动闸,这是一个在紧急关头夹紧导向轨的装置。当制动闸起作用时,就会有大量的能量需要释放。按照迅达公司的计算,用于制动自由降落的电梯的制动闸衬套瞬间温度会升高到1 200℃。传统钢制动闸衬套不能承受这样的高温。但是迅达公司发现有一种材料能够承受这样的高温,那就是当航天飞机返回地球大气层时用于保护舱体的陶瓷瓦。高品质的陶瓷具有很高的抗热性、经久耐用并且能够起到很好的制动效果。迅达公司通过与德国太空机构 *Deutsches Zentrum für Luft und Raumfahrt*(DLR)合作发现了这个机会,公司开发了一套新的电梯制动系统,该系统提高了33%的制动性能、减少了65%的体积、重量减轻了35%并且刹车片数量减少了10%。

灯塔型。灯塔型公司就是那种在相关领域为公司赢得很好名声的公司,在这个领域,发明者、技术专家、其他有创意的公司或者有潜在相关利益的合作者都在寻找那种公司,因为它们知道自己的关注点在哪里,并且知道自己的发展方向。

一些公司在尝试过成为侦察型公司之后,渐渐认识到它们永远也不可能获得足够多相关的创意资源,也没有能力识别未来发现的创意。因此,它们就会从侦察型公司向灯塔型公司转换。它们会告知人们公司欢迎新创意,并且有很好的过程去接受和管理创意。

宝洁公司花了很大的努力以使公司既具有侦察型公司也具有灯塔型公司的能力。宝洁公司外部商业发展副总裁这样认为:"我们想要成为创意者的乐园。他们知道我们在寻找什么,他们也知道我们会尊重他们和他们的创意,他们也知道我们会和他们一起努力将创意商业化,并且能够比别人更好地实现创意。如果创意不适合我们的公司战略并且我们不能使用的时候,我们可能知道哪个公司适合这个创意并将之移交给它们，即使是竞争者。"[30]

评估标准

我们曾经询问一位欧洲财务服务公司的经理："你如何评估你们创新努力的表现呢？请尽量具体回答。"

他很直率地回答说："我们从不这样做。"

许多公司使用很多的标准来追踪创新表现。其中三个最常用的指标是：新产品（上市时间通常少于三年）带来的销售百分比、在一定年限内公司存档的专利数量和总收益增长。这三个指标和其他标准中的大多数都很有用，但是创新活动范围很广而且很复杂，以至于没有一个简单的标准能够准确地表示创新表现，并且没有一个指标和现金回报有关。

创新过程有四个方面需要进行衡量：[31]

> 创新过程的投入
> 创新过程的绩效
> 现金回报
> 间接利益

创新过程的投入。投入意味着金钱和人力方面资源的投入。一些投入只是短期供给，这种不足会成为创新过程的一个瓶颈。最重要的投入随着情况的不同有所变化，但是大多数管理团队会注意以下这几个方面：

> 创意的数量，以及每个创意潜在的期待回报。
> 全日为创新过程特定职能工作的员工数量。最重要的是，核心员工的主要工作是什么。
> 运营成本
> 资金成本

第七章

创新过程的绩效。 这些投入受特定员工和过程的影响,并且能够被追踪和衡量,其中包括:

- 整个创新过程周期的时间
- 创新过程特定部分的周期时间(例如,建模或试运行)
- 和平均周期时间的背离程度(范围上包括从高端到低端)
- 从过程的一个阶段移动到另一个阶段的创意的数量
- 创意初始期望财物价值和实际实现价值之间的背离
- 资源支出,包括每一个特殊和一般的创意
- 创意运行到一个特别的点时的资源支出(但是最终没有实现商品化)
- 创新规定方面的组织表现。比如重要会议的出勤、文件在最终期限前的提交率和不需要满足特定需求就执行到下一个阶段的项目的百分比。

现金回报。 最重要的是,管理者需要确定创新过程是否能够产生回报。许多公司都不能确定回报并将只用一种很容易理解的方式表达出来。现金曲线可以用来"让数字变得生动",所以这些数字可以被很好地运用而不是仅仅汇报上去。有效的标准不但清晰易懂,而且使得管理者乐于让员工为之负责。正如一位高层经理所说的:"我必须每年寻找10亿美元的新业务增长。如果我做不到的话,我明年就不可能坐到这个位子上了。"

间接利益。 间接利益不能像现金那样很容易地进行数据分析,但是可以被评估。

在知识评估方面,公司可以查看员工出版的图书和其他纸质印刷品的数量、员工主办和参加的会议数量和类型以及成果被其他工作所引用

的数量。

为了评估品牌强度、系统关系和组织影响力,公司可以使用多种类型的调查工具、第三方队伍或者跨公司标杆。尽管这些因素不能产生绝对价值,但是随着时间的流逝就会表现出向好的趋势。

高创新性公司相信创新和创新结果可以被管理,并且它们用大量的时间和精力发展自己的独一无二的创新标准。

西门子公司管理董事会的成员、公司技术部门的负责人克劳斯·韦里奇(Claus Weyrich)说道:"我对'如果你尽力制订标准并系统地完成某件事,这会摧毁人们的创造力'这样的信念持有怀疑的态度。我会对每一个项目制订衡量标准并且进行阶段性分析。当然我知道如果这是一个有风险的项目,有时会遭遇失败。我们可能会超期或超支,也可能不能达到目标。对我来说这都不是问题,因为我知道必须冒一定的风险。对我来说最重要的是使人们在特定的时间内完成特定的目标。真正的创新者很容易就这样做。当然如果他们的时间表会超出一周的话,就说明他们完成任务有困难,而我则会否决这个项目。这样就会降低生产率。但是一旦他们理解了我希望他们达成特定的目标的话,他们就很乐意这样做。并且他们知道如果超时或超支,我也不会责备员工,而是寻求方法去帮助他们。我认为这就是衡量标准中能够激励人的部分。"[32]

三星公司总裁、CFO崔道熙(Doh-Seok Choi)先生深深地理解了衡量标准、创新和回报之间的联系。"我相信的一个事实就是,不管是什么过程(包括创新),公司应该制定相应的制度,并将工作系统化,"他说道,"我们公司(包括所有子公司和其合作公司)的所有经理都有统一的工作系统。我们仔细地考察绩效,将所有的标杆信息标准化,并且确保达到自己的目标。"[33]

大型消费电器公司飞利浦公司使用的是精炼的方法来制定衡量标准,该标准完全按照公司的状况和传统来制定。飞利浦公司执行副总裁

第七章

和首席技术官郝爱德说:"在2001年,我们得出一个结论,那就是我们花费了大量的时间来衡量成熟的业务,而对新业务却关注不够。所以我们决定追踪各分公司新产品的研发进度,按照新产品针对的市场因素,将调查与研究按'新生期'、'成长期'和'成熟期'三个阶段来分类。正如我们所预想的,调查数据表明经理们是有失公平的,为了保护现有的利润,他们会分配相对更多的调查与研究经费用于成熟产品,而不是处于新生期和成长期的产品。所以对每一个分公司,我们现在采取新产品销售和该分公司整体销售的对比数据来进行衡量,而不是和别的分公司进行比较,这是因为每一个分公司的市场状况都是不同的。为了达到考核的目的,消费电子产品分公司的产品生命周期设定为一年,而照明分公司的则为三年。从现在起五年后,这些数字将分别下降为半年和一年。"[34]

为了衡量新产品和服务的成功,飞利浦公司在所有分公司设定了一个创新指数的等式(见图7-1)。该指数关注的是新产品或服务的回报。该创新指数应该大于一。如果小于一的话,就说明该产品可能是一个现金陷阱。除了创新指标之外,飞利浦公司还有大量的其他衡量标准,其中包括产品研发效率标准、组合效率和关键项目运行状态。这些指标代表了创新绩效的所有重要的方面,包括从构思过程到带来回报的整个过程。

图7-1 飞利浦创新指数

$$\left[\frac{新产品销售量}{总销售量}\right] \times \left[\frac{IFO^* + 研发支出}{研发支出}\right] = 创新指数$$

* 运营收入(income from operations)

宝马公司：非常优秀的战略联盟

宝马公司已经成为了优秀的战略联盟公司,该公司在从战略到衡量标准所有层面上都支持创新和财务表现。

"宝马公司的创新管理过程有三个阶段,"宝马公司创新推动部的负责人马丁·厄特尔(Martin Ertl)告诉我们,他解释道:"我们有一个中央部门管理创新,并且在每一个专门的部分都有战略分支,我们称之为KIFA。K 的意思就是车身壳体部分;I 就是综合部分;F 就是底盘部分;A 就是传动系统公司。我们有七个创新委员会,每一个委员会都是由来自于各个部分的员工组成。虽然看上去每一位成员都是来自传统的工程部门,但是其中也包括来自市场部、销售部、财务部、人力资源部和生产部的员工。但是这些委员会都是很特别的,因为它们不只是关注一个专门的部分,例如工程研发或车身,而是关注以客户的眼光来看需要的功能。每一个顾问委员会都由一位高层经理领导。宝马公司的战略分布创建了一个战略框架,该框架给了我们本年度需要关注的领域,并且是年度工作进程的向导。在我们执行年度工作进程之前,必须首先明确战略框架。然后我们会制订年度周期计划,每一个创新委员会都会整理创意,并且列出前 10 项创意。然后会选择一天将所有委员会的前 10 项创意进行研究,最终得出一个所有创意前 10 项列表。问题是,我们经常会看到很多很好的、不忍舍弃的创意。"[35]

创新委员会会批准特定数量的项目,然后为之投资。为了给被提议的项目制订商业计划,经理们会从委员会成员中搜集尽可能多的信息。厄特尔说:"比如,你问来自销售部门的员工,估计会为该项目投入多大的精力？需要多大的生产能力？该为该产品制订什么样的价格？这样一步一步,你就了解了员工们的真实能力和想法。这就是为什么我们组

第七章

建这个多学科团队的初衷。我们需要确认该项目能够带来回报。"

另一个支持宝马公司创新过程的要素就是所谓的动力项目（impulse project）。厄特尔解释道："动力项目的主要目的就是将创新在全公司推广开来，尤其是那些对员工来说很陌生的领域。我们想要使员工们做一些不同寻常的事，这可能会让他们感到惊讶，但是很可能会让他们感到兴奋。员工有些时候可能惧怕这些变化。而这也正是我们想要做的事情——寻找合伙企业和巨大的潜在机会。例如，在汽车公司，人们经常会有如下的问题：哪种小配件应该装配到汽车里？但是我们想要超越宝马是一个汽车公司这样的思维定势。事实上，移动是宝马公司的关注点。并且除了汽车之外，轮船和飞机都能达到移动的目的。"

动力项目在宝马公司有很长时间的带来创新和创新的历史。厄特尔说道："在 1980 年代早期，我们就有关于 3 系列 station wagon 的设计模型。宝马公司以前还没有制造过 station wagon。营销人员和一些董事会成员说，'我们不认为 station wagon 是适合在宝马公司生产的车型。这只是很普通的一种家用车型。我们不赞同这么做。'但是这时候车身壳体的负责人说道，'可我相信这个车型能取得成功。'所以他搜集了现有车模型的很多部分，比如大众公司 rabbit 系列的后车盖和其他很多部分，他将这些组合到一个车体内形成一个比家用 station wagon 更适合旅行的车。他将这些整理好的概念呈交给董事会，董事会表现出了很大的兴趣。他们说，'让我们试试吧。'目前，我们的旅行车销售占总销售很大一部分。所以说这些动力项目总会带来一些成功的案例。但是这种结果也是捉摸不定的。有时并不会带来很大的销量。但是这样做只是为了显示宝马公司的工程师有创新思维的能力，并非只是每天都考虑汽车。如果你给员工自由思考和找出办法的自由的话，一切都会变得有趣起来。"

正如花旗银行和三星公司的例子所显示的，组织协同对获取回报是至关重要的。然而无论怎样,组织协同不会自然发生。也不是一项委托给人力资源部门或者创新部门就能彻底完成的工作。取得协同需要领导力。

第八章 领导

如果你能通过数目作出决定的话,你就不需要一位领导者。

——采埃孚萨克斯公司管理董事会成员,彼得·奥滕布莱奇

创新不是变魔法、掷骰子或者可以自由参加的创意大赛。创新是一次行动,而不是一个想法。它需要不断作出变化。它是对要承担的风险进行深思熟虑、对明确的过程实际管理和不屈不挠以及严格遵守获取回报法则的结合体。这是一个坚决的领导者创造奇迹的领域。

领导者可以做特定的事,决定特别的事,而这些事是组织里其他人所不能做的。英明的领导者认识到了这一点,并且将自己的时间和精力(最珍贵的资源)都放在必须做的事情和必须作出的决策上。

小劳伦斯·卡尔普(H. Lawrence Culp)是丹纳赫集团(Danaher corporation)的首席执行官,丹纳赫集团生产了多种工具和先进工业产品的公司,该公司由许多业务单元、子公司和多个品牌组成,并且自从成立20年来取得了显著的增长、不菲的回报和良好的股东表现。公司创建者的初始想法是将日本的制造哲学应用到美国制造工业中来。当前的CEO采取了同样的方法来执行创新。迄今为止,丹纳赫集团许多品牌都是相关领域的领导者。

第八章

劳伦斯·卡尔普是在他从哈佛商学院获得MBA学位后加入丹纳赫集团的,并很快得到了提升。在2001年5月成为公司CEO前,他负责了好几个业务单元,其中包括著名的福禄克(Fluke)品牌,当时他正好38岁。在卡尔普掌舵时,丹纳赫集团已经在制造领域有很好的口碑。丹纳赫商业系统(Danaher Business System/DBS)是公司每一位员工提升制造过程绩效的工具。当卡尔普成为公司并购和提升制造效率的行家里手时,丹纳赫集团认识到为了持续繁荣和发展,公司商业部长需要具备改革的技巧。

认识到丧失了很多通过加速公司发展来创造更多股东价值的机会。他相信自己能够平衡多个业务在制造能力、品牌、渠道和客户之间的关系,并将之用于开发新的产品和服务。

但是卡尔普起初考虑到公司严格的纪律性可能会和改革的基本因素产生矛盾,这些人们普遍认同的改革因素就是创造力、开放性和协作。他认为自己在丹纳赫集团执行的改革过程必须是严守纪律的,而不是松懈的,并且必须着眼于取得回报。"我们的一位工程师将这点领会得很好,"卡尔普说道,"他说道,'我们不想要多情的改革。'相反,我们必须确信自己有清晰的目标和艰难的任务,并且我们正努力向之迈进。我们需要和思考战略一样思考财务问题,而不是简单地和某位工程师的宏伟蓝图坠入爱河。"[1]

考虑到文化创新的需求,卡尔普认识到将这个任务直接委托给首席创新官(Chief Innovation Officer)在丹纳赫集团是行不通的。他告诉我们:"创新是公司所有员工的职责。"所以他决定亲自完成这个任务。经过四年的艰苦努力,卡尔普为公司带来了比以前任何时候都大的创新,这一点有事实作证。在卡尔普任CEO期间,丹纳赫集团年收益从原来的38亿美元增加到了100亿美元。在过去的两年里,丹纳赫集团的增长平台的内部增长率超过7%,比公司历史增长率高了33%。收益率提升了318%，股票价格几乎翻了一番，从30美元左右上涨到60美元左右。

出于对丹纳赫集团严格纪律性的了解，卡尔普非常清楚让丹纳赫集团接受创新和获得成功的实践、态度和工具等要素的作用。为了使业务单元更容易接受创新，丹纳赫商业系统办公室开发了一系列增长工具，以帮助他们更好地理解客户需求并识别创新机会。为了确保预算过程不妨碍创新的执行，卡尔普建立了一个"突破债券"过程。如果某个业务单元有信心在三到五年时间内创造超过3000万美元的收益（伴随着丰厚的回报），该业务单元的领导人就可以在月度首席执行官办公室（Office of the Chief Executive/OCE）会议上提议。"我们在每一次OCE会议上抽出时间来讨论这些想法，"卡尔普说道，"所以在有业务单元总裁提出好的创新建议，但是缺乏足够的资金实现时，如果公司认为会获得成功，我们将给他们适当的帮助。我们已经通过了40个这样的项目。"

考虑到创新绩效评估不同于其他商业活动中的绩效评估，丹纳赫集团也提出了新的要求，比如建立新的考量机制、员工定期汇报以及要求员工为自己的创新工作负责。"如果福禄克的总裁巴布·赫利特（Barb Hulit）告诉我们，她想要加强一个工厂的实力，这样做可以节省100万美元，我们将支持她的行动，"卡尔普说道，"但是如果她提出想要花费同等数目的经费用于内部增长的话，我们会认为她的销售预期存在更大的变数和风险。如果她希望得到一亿美元，而我们只划拨了8500万美元，我们认为这也是计划中的事。也可能当市场状况不好时一亿美元还不够。当决策已经制定，我们要求巴布严格按照执行纪律办事，并且合理安排这一亿美元。我们对于责任的要求很严格，但是我们的评估却比较宽松。"

卡尔普也创立了正式的创新智囊团。"我经常和公司内部的科研人

第八章

员交流,"他解释道,"我不仅仅和公司高层对话,还经常和每天待在实验室的人谈话。经常和他们进行交谈使我获益良多。我们每年定期召开创新会议,召集100个这样的人进行讨论,讨论我们正在干什么,哪些业务单元进展顺利,哪些不顺利,并且建立经常性的联系。"

劳伦斯·卡尔普在丹纳赫集团的经历表明,创新行动必须按照适合公司员工、业务和流程的模式来执行。正如他提出的,"我们认为必须使用公司文化和DNA来执行创新过程。"[2]结果就是,每一次创新都各不相同。但是我们的经验和研究发现,在所有的创新公司总有一定数量的领域是相同的,在这些领域,领导者都能够左右组织活动的成与败以及获得回报的能力。这些领域包括:

- 说服员工执行创新。
- 分配资源。
- 选择创新商业模式。
- 做正确的事。
- 组织再造。
- 将正确的职工分配到正确的岗位。
- 鼓励并主动承担风险。

因为只有决定和执行这些事件,它们将决定你在位时留下的印象,你带给组织的冲击,你领导过的组织的效率,以及你的个人遗产。

说服员工执行创新

许多组织和领导都会发现它们面临来自于成本、质量、生产率和效率等等已经长久起作用的因素的挑战。尽管人们逐渐认识到了这一点的重要性,组织成长和促进组织成长的创新很久以来已经被许多公司和产业遗忘了。结果,许多营销、调研和其他"非必要"部门都被忽视了,只因为它们不能直接对年度收入产生影响。此外,许多公司已经吝啬于分配资源(例如时间和场地,以及我们在第七章中谈到的其他因素)到如下活动了,它们包括在公司内部形成激发创意的氛围,或者使公司识别潜在的有意义的"外部"创意,并在这两种创意之间建立联系和关系。

当一位领导者在一个并不接纳和欢迎创新的环境中谈论创新的重要性时,该组织的员工可能对创新的成功持怀疑态度,为了让他们相信,在他们听从或者更好的情况是在他们准备行动之前,提供相当数量的证明材料是必须的。这些人可能并不是真正对创新持敌对态度(和他们对成本节约或者主动提高效率的态度一样),但是他们从过去说一套做一套的经历中得到了教训。正如一个大公司的员工所说的,"并不是我们不愿意相信,而是从来没有人从支持创新的举动中得到事业上的提升。实质上很多人的职业生涯因为这样做中止了。"

在《商业周刊》2006年波士顿"高层管理关于创新的调查",我们发现在首席执行官/董事长和公司其他阶层的员工之间的一致的不同。例如,81%的首席执行官将创新看作公司三个最重要财产之一;61%的下属员工同意这一点。并且76%的首席执行官相信他们的公司具有鼓励创新的文化,而只有49%的员工同意这一观点。

必须说服员工相信公司高层管理落后于创新,不只是因为创新与过去相比是一个不同的商业工具,而且因为他们知道创新需要特别的管理技巧。创新(包含不可避免的失误以及可能钻入的"死胡同")可能会将公司带入混乱和艰难的境地,并且执行创新的经理在艰难的时刻必须对自己所从事的工作满怀信心。可能会有一段时间,员工会很难相信以前被称为成本削减之王的经理突然变为创新的拥护者。

希捷公司创始人、首席执行官史蒂夫·卢卡佐(Steve Luczo)从自己

第八章

的经历中了解到了这一点。"我记得有人告诉我创新组织要花五年的时间,"卢卡佐说道:"当时我嘲笑了他,并认为我们会在六个月内完成创新。但是他说对了。我们花了五年时间。"在卢卡佐接管公司时,希捷公司有非常多的业务需要处理。"对大多数人来说,这不是一个好的工作,回报在哪里呢?员工工作很辛苦,希捷公司也是行业内领袖。但是情况很严重,因为持续的收益并没有带来明显的回报。"[3]

卢卡佐指出,希捷公司拥有十分杰出和有献身精神的员工,他们对待创新都有正确的态度。所以管理团队着手重建和调整组织结构。更重要的是,主要的事业部(终端、磁盘和驱动)向同一个人汇报工作,所以希捷公司的创新并不是关注一个特定的领域,而是创造一个公司能够在市场上卖得更好的产品。

同时,希捷公司的员工不得不相信较少地关注节约成本和更多地关注创新并不会给公司带来伤害。"使员工相信自己日常从事的工作是一个挑战,"卢卡佐说,"因为你要让员工作出比以前成本更高的决策,虽然这种决策可能对公司以后适应性和回报率大有好处。如果在往常,员工们会因为这样做而被解雇,有很多负面的因素阻止员工相信创新。但是,世事正好相反,员工们并没有因此而被解雇,而是如果他们不从事组织再造和更关注创新的工作而被解雇。"

沟通

当你是执行创新过程和获取回报的领导者时,你所说的任何有关创新的信息都很重要。你需要采取说服、强制和一致的态度来沟通你的观点和承诺。一位我们都认识的首席执行官相信在整个组织内成功地沟通任何新信息需要花费三年的时间。第一年,首席执行官和领导团队听懂、理解和内化信息。第二年,下一层级的成员得到信息。最后在第三年,中层管理团队相信和理解前两年所说的信息。这位首席执行官说道,在第二年末的时候,他已经对努力一遍又一遍对不同的听众重复同样的信息很烦了。但是当他在第三年看到已经显示出效果时,他再一次认识到自己以前的沟通努力是多么必要和值得。

特别系统分布 Simens medical solutions 公司总裁霍尔格·施密特(Holger Schmidt)同意这一点,"沟通很关键,必须从我做起。我们说创新是我们区别于市场其他产品的主要因素,所以人们随处都可得到这样的信息。如果你和财务部门的员工探讨什么让我们和竞争对手不同的话,他们都会说出同样的话,创新。即使是财务部门也知道他们需要尽力对创新作出贡献。"[4]

三星电子公司总裁、CFO 崔道熙先生告诉我们在三星公司内改变员工的认知曾经是他一项最大的挑战。"最大的障碍已经成为员工的习惯,一个克服障碍的方法就是统一语言和共享创意。很明显,这很不容易做到。在过去的13年里,我一直努力同意思想和语言。可以说我把70%的精力放在这上面,"他补充道,"但是我相信创新只有从高层开始才能成功。"[5]

日常活动

告诉人们创新重要性的信息只是说服员工的一部分。西门子管理董事会成员、公司技术部的领导者克劳斯·韦里奇说道:"领导者必须真正说到做到,如果你谈到创新,你必须给别人一种这一点对你个人来说很重要的感觉。表明你对创新有很大的热情。"[6]

你的承诺不仅仅只是口头作出,而且必须表现在所采取的行动和如何分配自己的时间上。如果让员工看到日历本,你对创新工作的优先度如何呢?你一年中有多少个月用在创新工作上?你有多少工作和创新有关呢?

第八章

如果让经理们对自己的工作时间作一个简单记录的话,即使是最真诚的创新执行者也会感到惊讶。领导力课程上经常不断地讨论以防止紧急任务占用优先任务的时间,所以除非你真实而深切地将创新工作优先处理,创新工作通常都会被忽视。员工们能够灵敏地捕捉到创新管理的动向(不但从行动是否适应创新的时候,而且从行动背离创新的时候),并且知道最恰当的执行创新的方法,通过将时间花在那些支持创新和探讨创新的事情上来说明创新的重要性。

惠而浦公司曾经花数年时间努力地将整个组织围绕公司创新战略进行调整。一位高层经理这样说道:"从公司高层往下,不断地讨论和对创新的关注使得每一位员工都对创新有了一定的思考;创新和以客户为中心的思想的成功贯彻是由于领导阶层从来都没有退却;每天在公司的入口处都有有关创新的新闻;在公司季度会议上,我们都会探讨创新,提出自己的见解并邀请创新多个方面的专家进行指导。员工们都知道自己参加的是一场动员会,人们在这个会议上探讨创新和做不同事情的方法。"[7]

分配资源

领导者一个最困难的任务是分配资源,尤其是牵扯到判断谁或什么业务接受分配来的资源或者什么时候是给一个高风险项目分配资源时。公司预算里许多项目都是一定的,并且不会每年发生戏剧性的变化。如果需要,领导者只需要回顾一下这些分配并且按要求作出些修改。

但是当一个新产品或服务的主要投资在预料之中或者资源分配发生的真实改变需要推翻整个创新计划,资源分配的任务就变得很复杂了。资源分配最困难的挑战就是当公司企图进行企业文化投资时。

如果被应用到或多或少已经有明确定义的产品或服务的知识需要

产品的特殊化，这一点似乎意味着相对比较小的投资或者相对比较确定的回报，所以，这种资源分配的决定很容易作出并且不容易引起争辩。如果公司企图获得全新的知识，那么决策就很难作出了。因为知识所能带来的商业收益不是确定的。

"我相信研究并没有那么昂贵，"圣戈班（Saint-Gobain）公司的研究与设计副总裁迪迪尔·洛克斯（Didier Roux）说道，"当你考虑公司的投资方向时，有很多的项目都可能比研究（即使是不成功的研究）更容易造成投资的失败，在进行技术投资时，你必须接受短期内不能获得100%成功的事实。在这一点上科技投资和营销努力或者在电视上做广告大同小异，有些时候你不能获得自己所期望的100%的成功。除此之外，你受到了一些影响，在下次做同样的事时能够及时改正。由于你已经完成了一些事情，你就更容易获得成功。必须有一部分资金没有明确归属，否则就没有任何的风险可言。而如果没有风险，你就几乎没有机会获得突破。"[8]

旨在获得新知识的资源分配是一项基本的对整个公司成功有长期影响的工作。事实上，决定在哪个领域投资和投资数额涉及到公司战略的核心。并且对于在哪个领域投资、什么时间投资和分配多少资源会有许多不同的观点。你认为市场的发展方向是什么？准备在哪个领域竞争？如何去竞争并取得胜利呢？

这个估计是领导者必须作出的最困难的创新决策，由于它需要形成一种公司将来应该在哪里以及如何竞争的想法，并且决定为了达成目标需要建立哪种新文化。换句话说，领导者必须去赌——这个赌局领导很熟悉，更合理，并且对情况很了解——除此之外别无选择。领导者必须对这个赌局长期追踪以增加赢的几率，当然又不能长到将资源消耗殆尽。

比尔·盖茨下了许多这样的赌注。"在微软公司，最昂贵的项目都被

第八章

一些得到过很多教训的主席领导。"微软公司的比尔·米切尔（Bill Mitchell）告诉我们："其中一位对项目的运转有两到三套方案。这些人都有耐心并且有远见。另一个教训就是某些开始很小的项目在某一时刻可能会发展到很大。你很难评估哪个项目将大有发展。而他在生活中有了多次这样的教训，所以他是一个合格的发起人。"[9]

选择变革商业模式

变革商业模式的选择同样和公司战略的选择息息相关，领导者必须来作出这个决策。创新模式的选择不但关乎战略，而且对获得回报的概率和成功时间有很大的影响。

"有些时候我们不能为公司使用的最新技术找到好的商业模式，"西门子公司的克劳斯·韦里奇说道："所以我们选择和别人共同承担风险，或者我们成立一个公司找到风险投资，或者我们将技术卖给他人，而他们将产品卖给我们以使我们获得特定的战略优势。有很多形式可供采用。"[10]

领导者必须确保公司和管理团队考虑到了所有的选择。很多时候，公司都是在简单地使用曾经用过的创新模式，即使这个模式已经丧失了创新或获取回报的能力。

例如，苏格兰的制衣公司 Pringle 公司首席执行官金·温泽（Kim Winser）对创新商业模式进行了重大的改变，这样做使公司遏制了业绩下降的势头，获取了回报，并再一次成为行业内的创新先锋。

Pringle 公司成立于 1815 年，一度因为在羊绒衫、两件套运动衣和大家熟悉的 Argyll 款式领域的创新而闻名。但是到了 1990 年代中期的时候，这个品牌却滑到了失败的边缘。由于错误地采取失败的特许经营战略，该公司不再生产制造让它出名的大多数产品，并且开始以折扣价销售产品。很明显,不只是一个简单的制衣业务在独自占有 Pringle 品牌,事实上,Pringle 公司总厂(雇用了 100 个技能娴熟的工人)所生产的羊绒衫全部卖给了一个服装批发商。

2000 年,温泽成为 Pringle 公司的首席运营官,她决定将创新作为追求组织成长的一个途径。她认为支持这一战略的最好方法就是采用综合的方法,平衡最初使 Pringle 公司取得成功的工艺和能力之间的关系。特别要指出的是,Pringle 公司拥有大量长期被封存的纺织机器,这些机器拥有很少公司能赶得上的功能,就是能够织出被称为 intarsia 的互锁图案。"我飞到苏格兰,在一个遮蔽物下面发现了这些有趣的机器,上面的灰大概有三英寸厚。"她向我们叙述道。[11]另外,许多熟悉这些机器性能的工人仍然在公司工作,只不过负责了别的岗位。温泽说道,公司现任厂长邀请他的父亲(也就是前任厂长)来帮助他重新启动这些机器。

所以,和许多研究者的期望相反,Pringle 公司没有卖掉资产,也没有关闭唯一剩下的那家工厂。相反的是,温泽重新组建设计和市场团队、重新和服装批发商签订合同并且宣布 Pringle 公司将进行创新,以高档产品抢占高端市场。公司将通过直接将产品卖给零售商和开专卖店来完成这个目标。温泽开始与她认为对公司品牌造成损害的 100 个客户中断特许权和商业关系。温泽说道,当她一次去日本旅行时,她偶然发现了一个 Pringle 特许的假蝇钩钓鱼杆的广告。"我都不知道特许到了那个地方",她说道,"我们很快终止了特许。"

这个战略奏效了。Pringle 公司品牌很快回复,并且在时尚市场扮演着重要的角色。温泽的一体化创新模式(伴随着采取的其他步骤)使得 Pringle 公司得以重新配置品牌,显著地提升了现金回报,公司重新回到上升通道,并且获得了戏剧性的公司利益。"我们重新发展商业、组建工厂并且改良工艺,"温泽说道,"特许经营的业绩已经不那么令人

第八章

绝望了。现在,我们已经在全世界开了不少的专卖店。"

当然,这个战略并不是没有风险。温泽不得不放弃许多曾经给公司带来收益的资源、变更战略、重新建立曾经被漠视的一系列创新能力,并且要挑战当前服装界普遍认可的规律,这个规律尤其对像英国这样的高成本地区十分有用。只有在她那样的位置上的领导才能采取这样必须和成功的行动,并且这个行动获得了回报。

2000年,Pringle公司面临不断亏损的境地。现在,尽管真实的利润率被严格保密,温泽指出年收益是前几年10倍多。另外,公司品牌已经重新大放光彩,以至于Pringle公司已经被其他知名的大型公司当作潜在的兼并目标。

关注正确的事情

随着公司变得越来越大并越来越复杂,公司必须为新资源的成长、创意的数量、项目、计划和创新单元的激增,寻求多种解决方法。处于高创新过程中的公司领导者必须花大量的时间决定追求哪个目标以及这些决策将如何作出。他们必须关注公司未来发展,并将正确的事情商业化。他们必须停止对那些不能带来回报的事的关注。如果这些决定不是由领导者而是由其他人作出,最坏的情形就可能发生。

在工作中,我们发现高层管理者很乐意致力于能够为组织带来最大改变的创新工作,并且他们尽全力参加到这个过程中来。但是他们经常离真实的细节很遥远,以至于当他们带着自己的观点加入进来时(这些观点可能来自于偏见和误解),结果,项目不是因为是必须的或者必要的事情或者恰当的事情来执行,而是因为"高层管理者让他们这样做"。

高明的创新领导并不是只是为了"让任务执行下去"。他们勤于行动,并且围绕新的创意和项目建立统一的观点。ADT安全服务公司是世界安防系统的领先制造者,公司前任总裁迈克·斯奈德(Mike Snyder)告诉我们有关莱斯·布鲁迪(Les Brualdi)的一些事,他是 ADT 公司前任首席执行官,家庭安全业务——大众市场住宅安全系统——最重要的创新教父。"莱斯经常去一线领导。他对自己的信念从不动摇。即使我们带着那些疯狂的市场订单而且很短时间内不会有任何事发生的状况下,他也从不动摇自己的意志。但他会不断取得统一意见和支持。他会定期将所有团队组织起来评估结果和最好的实践。他们会经常作一到两项重大的调整。他对自己不赞同的事情采取不予支持的态度,对想要推动的事物采取巩固和强调的态度,在这方面他有很强的掌控能力。但是他能够做到让整个公司都接受他的决定。这是一个领导者应该做到的。"[12]

"做正确的事"不但意味着要有一个正确的新起点,而且意味着要和那些不能带来回报的项目说再见。有关该持续哪个项目该终止那个项目的决策通常是很重要的、带有情绪化和很难作出的。如果缺乏强力的领导,大多数公司无法有效地作出这些决策。这些公司不是修剪掉朽木以使它们能关注那些有成功潜质的项目,它们不断地修补境况不佳的项目,重复犯同样的错误并采取同样的解决方法,以及对出了问题的项目作事后分析。结果,它们失去了获得全公司上下支持的能力,而这种能力能够带来现金收益和间接利益。

"平衡热情和客观的关系是对我最大的挑战,"德固赛公司的安德烈亚斯·古奇(Andreas Gutsch)说道,"一方面,你必须对创新充满热情;但是另一方面,我们需要紧紧跟随我们的计划,并且一旦我们发现计划变得不太具体,我们会尽力解决所有的问题,并尽力使计划获得成功。但是如果没能解决问题或者我们发现项目可能造成很大的损失,我们会毫不犹豫地终止它。这让我们感觉到无奈。当你的团队已经投入大量的资源去获得胜利时,而你不得不终止它,因为这才是理性的决策。所有

第八章

参与进来的员工的情感由于这个决定受到很大的影响,即使那些关注项目进展的人也是一样。你不得不准备甚至和董事会进行艰难的讨论以终止项目。这不是那么容易做到的。"[13]

改造现有业务

只有领导者才能评估公司现有业务是否还有发展空间并决定是否在必要的情况下改造现有业务。

现有业务可能有以下两方面的问题。第一个就是现有业务可能会尽可能占用足够多的资源,这样就会使处在发展阶段的创新业务流产。第二个就是随着现有业务的发展,员工就趋向于消极对待创新,并且找机会扼杀新事物。在现有业务回报减少和恰当地为现有业务减少分配的资源的时间上存在严重的滞后。

减少现有业务的影响需要通过引进新业务来调拨现有业务的资源,而这两种业务在资源上是直接竞争的关系。这种新业务经常会遭到现有业务的反对。在遇到威胁时,现有势力会采取各种手段来消灭威胁。通过将资源分配给新业务来改造现有业务并非必要的手段。通过将资源分配给不与现有业务竞争的新的发展领域也可以改变现有业务的注意力、影响和势力。

再分配资源的决策也必须由领导者作出,就是将不但财务而且(更重要的是)人力资源从现有业务转向新的、具有潜在影响力和发展前途的新领域。为了制定这个决策,领导者必须明白如何应对现有业务员工保护自己利益的反应。例如,他们可能会指出任何针对现有业务的资源分配的变化都会对公司文化产生消极的影响,由于"正是这些产品创建了公司"。他们会认为正是现有业务创造了现有的职业生涯,而这些伤害现有业务的行动将会伤害公司的利益。

索尼公司高级行政副总裁和执行长官青木昭明（Teruaki Aoki）在索尼公司内曾帮助挑战阴极射线管（显像管电视/简称CRT）彩色电视的业务。显像管电视引进于1960年代末期，该款电视为索尼公司带来了巨大的回报，并帮助索尼公司成为世界上最大的彩色电视生产商。"但是我们发现液晶电视和等离子电视的时代已经来临，"青木昭明说道，"在20世纪90年代中期，液晶电视和等离子电视还没有造成真正的威胁，并且我们的显像管电视业务仍然处在优势地位，而这种成功延迟了我们将战略转向液晶和等离子电视的时间。"[14] 对索尼公司来说很困难的事就是不再强调曾经长期成功的业务的重要性。

"显像管电视曾经是索尼公司的拳头业务，"执掌索尼公司电视事业部的高级副总裁木暮诚（Makoto Kogure）说道，"但是我们不得不寻找别的投资领域。"[15] 从2004年开始，木暮诚逐渐将资源从显像管电视事业部转换出来，并开始关注新的技术趋势。当我们访问索尼环球电视总部时，我们参观了一个陈列着许多世界上最先进的电视的特殊房间——包括成品和模型，在那里我们没有看到一台电视是基于显像管技术的。

一般来说，领导者是能够再造现有业务的唯一人选，这些现有业务已经丧失了创新的能力或者不再能够利用分配的资源来创造需要的回报。

将合适的员工安排到合适的岗位

最后一个有关创新的要素就是参与到这个过程中的人力资源。成功的创新需要将许多不同功能、纪律、地理和活动在公司内部合理配置。在创新过程中，人力资源或者扮演着积极的角色并帮助组织发展和将伟大的创意转化为现金回报和间接利益，或者可能妨碍创新的成功。按结果来看，个人的影响很少是良性的。在合适岗位的合适的人如果拥有恰

第八章

当的技巧、动机以及方法的话能够带来不同的结果,反之亦然。

多年以来,我们很多客户都指出"不同的马适合不同的跑道",这句话的意思就是不同的人有不同的能力,并且每个人有管理不同情况的能力。当领导者承担提升创新活动绩效的任务时,需要不断地作出鉴定和消除能力差距的努力——不但针对组织而且针对他们自身。有效的创新领导者(事实上包括参与创新过程的所有人)可能拥有一系列其他类型领导者所不具备的品质和技能。这些品质包括:

➢ **对不明确状况的容忍度**。创新过程本质上是不明确的过程。它是由不确定的收益、复杂的关系、复杂的可能性和冲突的想法组成。那些希望得到清晰的方向、可预测的收益、定量的标准和良好关系的人可能不是最好的创新领导者或者管理者。正如雷诺公司研究和设计部门的经理伊夫·杜比尔(Yves Dubreil)提出的:"创新过程充满了不确定和混乱。你必须能够适应这种不明确的状态。这种状况意味着冒险,而且接受不明确状态的能力对领导改革是十分重要的。如果你想要什么事都确定的话,那就做其他的事吧,除了创新。"[16]

➢ **评估风险和与风险共处的能力**。风险是创新的一部分,领导者必须能够忍受风险,同时也要鼓励其他人容忍风险并帮助他们学会怎么做到。能够容忍创新过程风险的领导者通常对自己充满自信,并对自己的专业能力很有把握。他必须足够坚定以至于能够承担创新过程中的打击,能够容忍创新过程中可能出现的问题、争论和事后的评判,并且能够将个人短期职业生涯放到第二位,以便考虑哪些工作是对公司最好的和那些他帮助发展的产品和服务。脆弱的心脏是不能作出承担风险的决策的。

➢ **快速和有效评估个体的能力**。在一场创新行动中,我们不但需要有具有潜在成功希望的创意,而且需要推动创新前进的优秀领导者。"我们经常会发现一场创新是由一个糟糕的管理者但却是优秀的领导人来领导,"ADT公司的斯奈德告诉我们,"我们经常也会发现在我们想要执行创新时,创新不能成功只因为推动创新的是非常优秀的管理者但不是合格的领导者的人。"[17]

➢ **平衡客观和热情的能力**。没有一个创意能够在没有人热情推动的情况下成功地获取经济利益和为人了解。在大多数公司内,创新需要足够的热情,这样才能克服组织惰性、在已定的层级结构中推广创意、进行业务再造和通过创新过程中可能遇到的层层障碍。人们常说犯错误不是一件羞耻的事,但是在创新过程尤其是在一场可能带来长久收益的项目中,错误可能需要付出高昂的代价。

➢ **变通的能力**。创新成功的领导者都期待变化。有些时候必须的变化是组织层面的。那时你会发现那些曾经成功的人、过程和组织结构不再起作用了。它们需要作出改变,并且需要有人有足够的远见看到需要作出的改变,对如何作出改变有深刻的理解,有尝试改变的勇气,并且有足够的决心。

某些时候,改变是位于个人层面的。尽管有些领导者天生热切地渴望创造新事物,这种创造力大多通过不同的观点和纪律来实现。理解你对创新的态度是很重要的,因为这将影响你如何构建组织和你如何对待创新过程。许多我们认为有卓越创新管理能力的领导者都乐于改变个人——包括态度、观点、行动、惯例和行为方式,并且经常用已经多次奏效的细节来描述创新过程。在开始时,不要期待用你惯常的做法来面对创新,因为那样做会终结创新。

如果领导者发现当前管理岗位上的人不具备创新需要的素质时,就意味着这些人已经不适合这个岗位了。一个创新领导者最难作出的决

第八章

定就是让不再适合职务的人离开岗位。

只有领导者才能确定公司是否有合适的人来管理创新过程并帮助获取回报。三星公司人力资源副总裁孙英洙（Young-Soo Song）先生这样说道："三星公司一个主要的优势在于我们将员工看作最主要的财富。李主席有一种良好的思维模式。他命令公司内每一位CEO在全世界招聘最优秀的员工。所以公司有些员工的薪水比他们CEO的薪水还要高。并且李主席也在不断找寻这些员工。所以如果公司里有那样的员工，他们可以改变周围的每个人。雇用优秀的员工非常重要，但是将高潜质的员工安排在正确的岗位更重要。李主席相信在21世纪，合适的员工应该能够为1 000甚至10 000个人带来帮助。"[18]

鼓励和模拟风险

对许多公司来说，领导者最主要的职责（也是创新最困难的部分）是处理风险的方式。

创业者和小公司可能会在风险中发展壮大（或者可能因为它们没有多少可以丧失的东西），但是管理者和大型公司（尤其面向公众信息透明的公司）可能不会幸存下来。大多数公司都建立相应的组织结构和生产流程以达到衡量、监控和规避风险的特定目的。很少有大公司的员工通过将自己置于风险中而获得成功的职业生涯。使人们爬升到高层管理岗位的能力更多的与避免风险有关而不是甘冒风险。

所以当一个公司执行创新时就会面临一个基本的问题：如何让人们理解风险是创新过程的一部分，并且鼓励他们在作出决策和采取行动时能够接受一定的风险而不是拒绝所有的风险。

这是所有领导者必须作出的努力。美国最具创新精神的快餐连锁店Sonic公司前任总裁帕蒂·摩尔（Pattye Moore）告诉我们："高层中总有人要来承担风险。如果没有人这么做的话,那么组织结构就会垮塌。因为人们都害怕承担风险,最好在你的高层管理团队中有热衷于创新的人。"[19]

但是仅仅在高层管理团队有少数几个承担风险和确信创新的人并不能自动确保组织里的其他人改变他们面对风险时的态度和行为。这是因为员工们都会认为仍然有许多其他管理者(其中自然包括他的上司)会更关注短期目标、特别是季度销售数据,并且会不断压制这些有风险但是不会对上述目标有贡献的创意,而不管创新领导者说什么和做什么。因此,员工害怕如果他们冒风险并且失败的话,自己将处于不利的境地。

因此就陷入一场僵局:高层管理者要员工提出更新、更大(更大风险)的创意,员工们也想提出建议,但是双方却都不能打破规避风险的模式。

德国采埃孚萨克斯股份有限公司管理董事会的成员彼得·奥滕布莱奇说道:"我希望我们公司能够承担更大的风险并且追求更大的目标。为了改变人们的看法,我不断告诉人们因为我们没有足够的冒险精神并且反应很慢的时候而丧失机会的故事。我们尽力做到在看着销售数据时,也会基于创新目标作出决策。我们不得不希望超越仅仅以销售数据作出决策的局限。"[20]

在我们的经验中,那些能够学会评估风险并与风险共存的公司能够比那些没有这样做的公司获得更显著的回报率。一个创意如果具有如下特征就不能认为它彻底失败了,即该创意经过人们深思熟虑、目标清晰明确、被严格地商业化运作并被市场认可(即使暂时还没有获得期望的回报)。"聪明的失败是你面对失败的态度和学到的知识,人们从失败中得到的知识比成功还要多,"雷诺公司的杜比尔说道,"但是如果要学到东西,你就必须研究失败。你必须用足够的时间来思考为什么会失

第八章

败,以彻底地理解它。"21

创新通常和风险有关。风险能够被防范、降低、保证并和其他共享,但是风险却永远也不能从创新中消除。没有经历足够风险的领导者和公司永远不能从创新中获得回报。那些声称要创新,却尽全力剔除所有风险的公司将会阻碍创新的道路,并使具有改革精神的人离开。

那些接受风险并且决心全面管理风险过程的公司将会发现,创新不但能够作为永无止境的再生资源以产生回报、间接利益、组织成长和长期发展,而且能够为公司和领导者带来积极的遗产。

在我们的经验里,领导者和公司面临的最大风险是没有承担任何风险。

后记　采取行动

如果你希望通过创新来提高公司的回报,你必须采取某些行动以完成目标。但愿在阅读这本书的过程中,你已经有了采取哪些行动的想法。你明白创新是个学习和提高的过程,而不是作出简单的决策并后退一步静观事态发展。

和数百家企业共事的结果告诉我们,最难的是如何跨出第一步。所以当经理们问我,"我们从何开始?"我们告诉了能够帮助他们开始创新之旅的六个步骤。

绘制一个现金曲线

为当前或你正在考虑的将来的创新项目绘制一个现金曲线吧。为了尽可能地将曲线绘制精确,你应该强制自己理解所有需要的信息。在绘制的时候,你要问自己一些棘手的问题,包括如下:

➢ **启动成本**。启动成本是过高还是过低?如果启动成本过高的话,我们是否能够通过使用不同的创新商业模式来和伙伴共同承担?如果过低的话,我们是否已经投资了足够的资金以确保我们能

后记

够克服潜在的技术、执行和市场风险。

> **上市的速度**。我们是否要加快进度？我们的竞争者正在做什么？它们可能做什么？市场状况是怎样的？新产品或服务的市场生命周期有多长？使用不同的创新商业模式是不是能使我们的步伐加快？

> **规模**。我们需要卖多少钱，并且需要多快才能确保回报？如果不能完成生产目标，不能获得回报的风险有多大？如果我们超过了生产目标，我们是否有能力快速提高生产量？我们是否使用了正确的创新商业模式来管理规模上的变动？

> **服务成本**。我们是否考虑到了运行、支持和持续提升新产品性能当中的所有成本？需要什么样的教育程度来从事这种工作？服务成本是否会比计划高很多以至于该产品变成一个现金圈套？

虽然现金曲线看上去很容易绘制，但为了画得更精确需要收集所有的事实、假设和判断，所以这是一个非常复杂的工作。但是绘制现金曲线有助于建立询问恰当的问题和对答案进行明智的衡量的纪律。（例如，我们是否确认自己能在18个月内将我们的市场份额从当前的4%提高到30%？）

一旦你搜集到了所有变量，并且绘制出了曲线，就应该问自己是否喜欢曲线的形状。如果不喜欢，就考虑一下你能做些什么以改变或提升它。例如，是该冒更多的风险还是应该降低风险？是否应该将风险从曲线的一部分重新分配到曲线的另一部分？该如何分配呢？

你应该花更多的时间来绘制更严格的曲线。只有这样做，你才能获得对创新更深刻的理解，并且知道为了成功应该做些什么。你将会学到如何利用曲线来帮助你作出决策，这种决策能够帮助你在花费金钱之前就提升项目回报（或者提高已投入资金的收益）。

理解你的创新投资组合

你应该深刻地理解你的创新投资组合。大多数公司对它们投资组合的所有内容没有准确的看法。如果你将追求哪种创新、需要耗费哪种资源和期望获得什么样的结果编成目录的话,你会对自己正在投资的项目获得新的理解。做一个明智的测试,问自己如下的一些问题:我们期望的现金流入和现金流出是什么?(画个曲线来看看,即使看上去还不到这么做的时候。)我们听到的哪些建议起作用了?我们是否应该放弃一些项目?应该减少还是加大投资?是否因为资源投入过少导致项目进展缓慢?或者我们是否应该加快速度?

不要仅仅关注官方项目,还要看看非官方的项目。由于组织内的员工认为它们是个好项目并且会在现有预算中利用足够的资源。

在我们的经验中,评估后的项目会演变成三种类型。其中的1/3会成为应该发扬和促进的成功项目。另外的1/3可能会浪费资源,并且即使它们被其他的资源所支持也应该终止。这就是那种被称为面临死亡的项目,需要很大的勇气来终止它们,但是你必须这样做。最后的1/3可能不容易评估,对这类项目需要进一步考察和讨论,以决定是保留还是终止。

抛弃那些应该被终止的项目,并将资源分配给可能成功的项目,这样做就可以立刻增长项目的回报。

任命领导或亲自领导

没有领导力,就不可能大幅度提高回报。员工们需要知道你对创新的态度是严肃的,并且真正的理解创新的含义。他们想要看到真正的领

后记

导。

为了显示自己的领导力,你需要或者任命一个创新领导或者自己担任领导。如果任命了领导,这位领导必须有采取行动的权力,并且你必须支持他。领导的头衔是什么并不重要,他只需要在整个组织内具备权力、影响力、可信度和权威就够了。如果领导没有在组织范围内行动的权力,也没有资源和权威去影响整个创新过程的话,从项目投资中获得全部回报就是不可能的事情。

在为创新挑选最佳领导人时,你应该考虑如下品质:对混乱的忍受力、坦然面对风险的能力、快速有效评估员工的能力、平衡热情和客观的能力以及应对创新的能力。

重新思考常用的创新模式

大多数公司使用相同的创新商业模式(整合、一体化或者特许)来执行几乎所有的项目。评估整个项目以确定使用不同的商业模式是否能够获得更大的回报,是否能够从中节省更多的资源以创造更多新产品和新服务。

你或许会发现自己已经改变了商业模式的组合方法。更重要的是,你应该看看正在进行的项目所使用的商业模式。为什么你会使用当前的商业模式?使用其他模式的障碍是什么?使用其他商业模式可能带来的现金总量和分配方式、间接收益和风险是什么?每一种不同的商业模式的现金曲线是怎样的?

识别现金陷阱

我们见过的所有大公司都有一些现金陷阱。它们可能存在于不能带来现金收益（或间接收益）的产品，以及不能带来现金回报的在建项目上。

看看在现有的产品和发展的渠道的投资，并识别出哪些投资可能会变成现金陷阱。从中选择一些项目并评估它们可能的回报。你应该仔细地观察那些被证明可能带来间接回报的项目，以确定它们能够带来间接回报还是可能成为现金陷阱。你会从中找到一些应该停止的项目。当你停掉这些项目时你就能从中节省大量的现金以支持更大的创新努力。

重新考虑你对风险的看法

你对风险的态度会在很大程度上影响管理创新的方式。问自己以下几个问题：我们是否只是考虑单个项目的风险，而不是从整个投资环境以及公司应对风险的能力方面来思考问题？我们是否考虑的真正的概率是最坏的情况？我们是否考虑到了不进行创新的风险？

你是否考虑到了如何开始呢？请记住从创新中获取超额回报有很长的路要走。但实际是很小的一步会提升和增强回报。最重要的不是你真正迈出的第一步，而是你采取的经过熟虑、清晰而又忠诚的提高你从创新获得的回报的行动，以及立即执行的勇气。

致　谢

本书的写作、调研、出版和后期支持,需要很多人作出承诺和约定,提供创意、智慧以及资源,并且互相协同来努力地完成。我们要对他们中的每一位表达由衷的谢意,没有他们的无私贡献这本书不可能顺利地完成。

首先也是最重要的,我们要感谢世界上许多高层经理,在针对本书的调查过程中,他们花费无法计数的时间来为我们提供帮助。文章和注释中都提到了他们的名字。我们感谢他们将自己数年的工作和学习经验,以及他们成功和失败的经验与我们以及读者分享。

我们同样要感谢过去 20 年来使我们受益良多的公司和经理。虽然出于保密的考虑,我们不能将他们的名字列举出来,我们还是要对他们表示深深的感谢。我们被授予特权去咨询许多世界上最富于创新精神的公司和一些最优秀的经理人。他们推动我们完善自己的思想、方法和能力,并像磨刀石一样磨砺我们的思想。我们从没有停止从他们身上学习,而他们正是这本书和我们咨询实践存在的见证。

没有波士顿咨询公司两位 CEO 的支持就不会有这本书的诞生。卡尔·斯特恩(Carl Stern)和汉斯-保罗·博克纳(Hans-Paul Buerkner)鼓励我们将自己的思想具体化,并且在我们将思想落实为文字的过程中提

致谢

供了支持。他们相信我们的能力并推动我们不断前进。

约翰·巴特曼（John Butman）是一位独立作家，他曾经帮助波士顿咨询公司的作者创建了结构框架，他在这本书的写作过程中扮演了一个很重要的角色。他和我们一起工作了两年，他首先为我们提出了一个成功的建议，然后帮助我们将之明确、分类、定型以及有效地沟通我们的思想和建议。他驾驭文字的功底很深厚，为我们提供了专家的向导和英明的建议，并且不知疲倦地为这个项目作出了贡献。

在书还没有成形前，只有一小部分充满热情的人对我们这个项目表现出了兴趣，这个项目首先成为波士顿公司"创新以获取回报"实践项目，然后成为了《哈佛商业评论》论文，最后我们写成了这本书。这些人在我们度过前期困难阶段的时候起了很重要的作用。他们包括马西莫·拉索（Massimo Russo）、西姆斯·哈林（Sims Huling）、戴维·潘哲（David Panzer）、迈克·佩特科维奇（Mike Petkewich）、杰夫·盖尔（Jeff Gell）、布伦特·佩兹（Brent Pycz）和克里斯蒂娜·巴顿（Christine Barton）。有两个早期就对我们的工作提供多年帮助的人值得重点提一下。克里斯·马克（Chris Mark）从一开始就像我们的右手一样为我们服务直到他去了一个不同的工作岗位。他是一个很有思想的合作伙伴、不知疲倦的贡献者，也是一个值得多年维持的好朋友。詹姆斯·斯塔克（James Stark）为我们形成自己的智力资产和为客户服务的能力作出了重要的贡献，并且积极致力于我们的调查和数据库的开发建设。没有他们俩的帮助，我们不可能走到今天这么远。

在我们将开始调研工作转变成这本书的时候，核心团队又重新自动组建起来了。其中包括的波士顿公司成员有：佩特罗斯·帕拉尼卡斯（Petros Paranikas）（他带领团队工作了许多月）、库诺·梅拉（Kunal Mehra）、拉兹·埃文勒（Lirza Evenor）、沙米克·拉拉（Shamik Lala）、基思·雷宾（Keith Rabin）、尤莉亚·科拉沃特索（Yuliya Kravtsov）、迈克

致谢

尔·拉索塔（Michael Lasota）和奥比·阿林兹（Obi Arinze）。罗杰·摩尔（Roger moore）和彼得罗斯（Petros）一起为创立波士顿咨询公司的创新协会作出了贡献。

我们从比尔·马塔索尼（Bill Matassoni）那里得到了有关本书信息和市场方面专家级的建议，他是波士顿咨询公司国际市场部的负责人。K.C.芒兹（K.C.Munuz）不断地为我们提供英明的建议、持续的鼓励和许多有意义的看法。乔治·斯托克（George Stalk）与我们分享了他多年来和客户工作、写作和思考创新的心得体会。克里斯·乔治（Chris George）为我们赢得了市场和人们的赞同，埃里克·格雷瓜尔（Eric Gregoire）不知疲倦地帮助我们营销。乔治·希尔（George Hill）为我们每年进行的调查工作提供了不少帮助。

我们很幸运地得到了 Zachary Shuster Harmsworth 公司的托德·舒斯特（Todd Shuster）的帮助，他帮助我们出版了这本书。哈佛商学院出版社的杰奎·墨菲（Jacque Murphy）和他的团队为这本书作出了不懈的努力。

我们的行政助手莉莎·巴特尔（Lisa Butler）、葆拉·戴利（Paula Daly）和鲁斯·科恩（Ruth Kohn）在我们进行波士顿公司这个特别项目的过程中辛勤的工作，将他们的技能全部用于工作中。玛吉·布莱奇（Marge Branecki）和莫琳·奎特尼斯基（Maureen Kwiatkowski）在将磁带录音的会谈内容抄写下来的过程中付出了相同重要的努力。

整个团队都是在一系列研究专家的支持下进行工作的，他们中的很多人都是波士顿公司知识部门的成员，其中包括维拉·沃德（Vera Ward）、比尔·哈根多恩（Bill Hagedorn）、吉尔·杰克逊（Jill Jackson）、鲁迪·巴兰加斯（Rudy Barajas）、万达·珀金斯（Wanda Perkins）和西蒙·布鲁格尔（Simone Bruegel）。

我们同样要感谢那些为我们在不同方面提供帮助、支持、知识和信

致谢

息的许多人，由于数量太多而不便一一列举。这些人包括：亚历山大·威甘德（Alexander Wiegand）、简·弗里斯（Jan Friese）、金克杨·金（Jinkyoung Kim）、理查德·埃克森（Rickard Akesson）、弗雷德里克·伯林（Fredrik Burling）、克里斯汀娜·科菲（Christina Coffey）、埃里克·弗林克（Erik Flinck）、埃里克·哈特（Eric Hart）、克里斯汀·沃尔拉特（Christine Vollrath）、劳伦·摩尔（Lauren Moore）、比尔·特纳（Bill Turner）、杰克·朱（Jack Zhu）、莎拉·戴维斯（Sarah Davis）、梅尔·沃尔夫冈（Mel Wolfgang）、阿诺德·范登伯格（Arnoud Van Den Berg）、埃罗尔·德吉姆（Erol Degim）、乔安娜·卡恩（Johanna Kahn）、艾吉特·凯特卡（Ajit Ketkar）、雷蒙德·诺米祖（Raymond Nomizu）、拉杰士·斯里尼瓦萨（Rajesh Srinivasan）、道格·图雷克（Doug Turek）、伊夫·莫勒克斯（Yves Morieux）、丹·格罗斯曼（Dan Grossman）、达斯汀·伯克（Dustin Burke）和伊丽莎白·里佐（Elizabeth Rizza）。

书中的访谈为本书增色不少，我们要对帮助我们保护这些访谈内容的人致以谢意。他们包括尼·海·帕克（Nei Hei Park）教授、塞巴斯蒂安·埃伦斯伯格（Sebastian Ehrensberger）、安德烈亚斯·莫勒（Andreas Maurer）、约瑟夫·里克（Josef Rick）、乔治·斯蒂彻（George Sticher）、休伯图斯·迈内克（Hubertus Meinecke）、帕斯卡尔·科蒂（Pascal Cotte）、卡斯滕·克拉茨（Carsten Kratz）、迈克尔·菲勒曼（Michael Fuellemann）、史蒂夫·查（Steve Chai）、克里斯托弗·施魏策尔（Christoph Schweizer）、安东尼·古雷维奇（Antoine Gourevith）、塔卡什·密塔池（Takashi Mitachi）、乌多·琼格（Udo Jung）、安迪·布莱克伯恩（Andy Blackburn）、夏威尔·莫斯奎特（Xavier Mosquet）、斯蒂芬·布瑞德韦德（Stephan Breedveld）、克里斯托弗·内特什（Christoph Nettesheim）和罗尔夫·比泽勒（Rolf Bixner）。当我们在韩国旅行的时候，我们的翻译Lee Kaphyun为我们提供了很大的帮助，Yuseon Lee 和 Katrin Heinemann 为我们做好了日程安排和后勤工作，在此表示感谢。

詹姆斯尤其要感谢自己已故的父亲詹姆斯·安德鲁（James L. Andrew），是他为詹姆斯上了第一堂商业课。同时要感谢他的妈妈安·B. 安德鲁（Ann B. Andrew），她在正餐时间的交谈中为这个项目提出了很多建议。

最后，我们要感谢教会我们很多东西并且几年来一直为这个主题和我们并肩战斗的那些人，他们也帮助我们将波士顿咨询公司创新实践项目成形，并且对这本书作出了很大的贡献。他们包括约翰·克拉克森（John Clarkeson）、克米特·金（Kermit King）、阿林丹·巴塔查亚（Arindam Bhattacharya）、马特·克伦茨（Matt Krentz）、吉姆·劳里（Jim Lowry）、彼得·埃勒特森（Petter Eilertsen）、埃里克·奥尔森（Eric Olsen）、汤姆·刘易斯（Tom Lewis）、马克·弗里德曼（Mark Freedman）、佩奇·普赖斯（Paige Price）、伯恩·沃特曼（Bernd Waltermann）、戴维·米切尔（David Michael）、拉里·舒尔曼（Larry Shulman）、维尔柯·斯塔克（Wilko Stark）、莫里斯·库马尔（Monish Kumar）、吉姆·赫莫林（Jim Hermling）、金·瓦格纳（Kim Wagner）、西蒙·古多尔（Simon Goodall）、Atsushi Morisawa、郎·杰奎森（Rune Jacobsen）、弗朗索瓦·达伦斯（Francois Dalens）、帕特里克·杜卡斯（Patrick Ducasse）、迈克尔·西尔弗斯坦（Michael Silverstein）、柯林斯·钱（Collins Qian）、里奇·莱塞（Rich Lesser）、塞巴斯汀·迪格兰德（Sebastian DiGrande）、埃米·麦钱特（Amyn Merchant）、佩尔斯·瓦伊斯（Paresh Vaish）、约翰·格拉贝登（John Grabedian）、布伦特·比尔兹利（Brent Beardsley）、乔·芒热（Joe Manget）、勒内·阿巴特（Rene Abate）、皮特·道（Pete Dawe）、米切尔·弗雷德（Michel Fredeau）、安德鲁·泰勒（Andrew Taylor）、布雷特·施德梅尔（Brett Schiedermayer），以及波士顿公司 Value Scieces Center 的成员：拉夫·德雷施梅尔（Ralf Dreischmeier）、肯·克弗雷（Ken

致谢

Keverian)、皮特·劳耶（Pete Lawyer）、埃里森·桑德（Alison Sander）、戴维·迪恩（David Dean）、托马斯·布拉特克（Thomas Bradtke）、马丁·科勒（Martin Koehler）、帕特里克·福斯（Patrick Forth）、约翰·温（John Wong）、马丁·里夫斯（Martin Reeves）、安东尼·普劳尔（Anthony Pralle）、菲利普·格伯特（Philipp Gerbert）、皮特·劳耶（Pete Lawyer）、珀哈·里斯（Per Hallius）、史蒂夫·马特森（Steve Matthesen）、马蒂·西尔弗斯坦（Marty Silverstein）、拉尔夫·海尔温（Ralph Heuwing）、卡茨·尤奇达（Kaz Uchida）、简·凯普恩（Jan Koeppen）、保罗·高登（Paul Gordon）、克努特·哈恩斯（Knut Haanaes）、马林·吉加加（Marin Gjaja）、珍妮·达克（Jeanie Duck）、卢克·德巴迪尔（Luc de Brabandere）、拉斯·费斯特（Lars Faeste）、马克·卢克曼（Mark Lubkeman）、戴维·皮卡特（David Pecaut）、拉斯·特雷（Lars Terney）、安娜·明托（Anna Minto）、汤姆·卢茨（Tom Lutz）、罗恩·尼科尔（Ron Nicol）、尼克·格伦宁（Nick Glenning）、凯文·瓦德尔（Kevin Waddell）、鲍勃·维克托（Bob Victor）、J.帕克特（J. Pucketti）、娜奥奇·希格特克（Naoki Shigetake）、迪特尔·休赛克（Dieter Heuskel）、阿明·施密德贝格（Armin Schmiedeberg）、比约恩·米特（Bjorn Metre）、哈里·安德森（Harri Andersson）、夏米安·凯恩斯（Charmian Caines）、伦纳多·埃米尔（Renaud Amiel）、史蒂夫·古贝（Steve Gunby）、玛丽·巴洛（Mary Barlow）、伊万·杰森（Yvan Janson）、布鲁诺·范利尔德（Bruno van Lierde）、吉姆·博苏姆（Jim Borsum）、罗兰·洛希尔（Roland Loeher）、戴维·罗兹（David Rhodes）、科尔姆·福利（Colm Foley）、西蒙·古多尔（Simon Goodall）、伊恩·弗罗斯特（Ian Frost）、格里·汉塞尔（Gerry Hansell）、拉蒙·贝兹（Ramon Baeza）、道格·霍恩勒（Doug Hohner）、杰瑟斯·德胡安（Jesus de Juan）和戴夫·扬（Dave Young）。同时也要对许多为我们写作这本书提供支持、咨询、鼓励和建议的其他波士顿同

事表示感谢。

感谢所有这里列出来的朋友以及由于我们的疏忽而遗忘的朋友,是你们帮助我们写出来了这本书,并使它取得了成功。

注 释

第一章

1. "The world's Most Innovative Compannies," *Business Week*, April24, 2006.
2. 摘自作者于 2005 年 6 月 7 日对 Teruaki Aoki 的采访。
3. 摘自作者于 2006 年 1 月 11 日对 Young-Ha Lee 的采访。
4. 摘自作者于 2006 年 7 月 20 日对 Jim Koch 的采访。

第二章

1. Robert A. Guth, "Microoft, with Fat Dividends, Attracts a New Class of In-vestors," *Wall Street Journal Europe*, January 27, 2005.
2. Quentin Hardy, "Iridium's Orbit," *Wall Street Journal Europe*, June 4, 1998.
3. "Going, Going, Nearly Gone," *Economist*, September 9, 2000.
4. "The ILL-Fated Satellite Venture Has Re-Launched Itself in More Modest From," *Economist*, July14, 2001.
5. George Stalk Jr. and Thomas M. hout, *Competing Against Time: How Time-Based Competition Is Reshaping Global Markets* (New York: Free Press, 1990).

注释

6. Robert A. Guth, "Grtting Xbox 360 to Market," *Wall Street Journal*, November 18, 2005.

7. 摘自作者于 2006 年 1 月对 Stefan Rinck 的采访。

8. 摘自作者于 2005 年 9 月 10 日对 Don Remboski 的采访。

9. 摘自作者于 2006 年 1 月 17 日对 Pierre-Emmanuel Levy 的采访。

10. Jeffry Krasner, "To Gut Costs, Biogen Idec to Sell Drug Plant for $408 Million," *Boston Globe*, June 17, 2005.

11. "Biotechnology—North America" *Mergent Industry Reports*, August 1, 2005.

12. Deborah Ball, "As Chocolate Sags, Cadbury Gambles on Piece of Gum," *Wall Street Journal*, January 12, 2006.

13. Bruce D. Henderson, "Cash Traps," *BCG Perspectives*, 1972.

14. 摘自作者于 2005 年 5 月 12 日对 Jim O'Connor 的采访。

15. "History of the supersonic Airliner," CNN.com, July 5, 2001, http://archives.cnn.com/2001/WORD/europr/04/18/concord.history/.

16. "Concorde Anglo French Supersonic Passenger Jet Aircraft Development History," http://www.solarnavigator.net/aviation_and_space_travel/concorde.htm.

17. Gene Munster and Michael Olson, "Company Note" on Apple Computer, Piper Jaffray, January 15, 2006.

18. Brent Schlender, "Apple's 21st Century Walkman," *Fortune*, November 12, 2001.

19. Erik Sherman, "Inside the Apple iPod Design Triumph," *Electronics Design Chain*, Summer 2002.

20. TNS Media "Inside the Apple iPod Design Triumph," *Electronics Design Chain*, Summer 2002.

21. Peter Burrows, Ronald Grover, and Tim Lowry, "Show Time! Just as the Mac Revolutionized Computing, Apple Is Changing the Word

of Online Music," *BusinessWeek*, February 2, 2004.

第三章

1. 摘自作者于 2006 年 1 月 17 日对 Didier Roux 的采访。
2. 摘自作者于 2005 年 6 月 7 日对 Mario Tokoro 的采访。
3. "Inside the Deal That Made Bill Gates ＄350M," *Fortune*, July 21, 1986.
4. Sheigh Crabtree, "Pixar Suit Claimas Patent Breach" *Hollywood Reporter*, March 12, 2002.
5. Pixar Animation Studios, "Pixar Animation studios and Exluna Settle Law-suit," news release, July 22, 2002.
6. Frank Rose, "The Seoul of a New Machine, " *Wired*, May 6, 2005.
7. 摘自作者于 2006 年 1 月 12 日对 Lim Sun Hong 的采访。
8. Wojtek Dabrowski, "Korea Eyes TV-War Victory," *Financial post*, November 8, 2003.
9. Yun-Hee Kim, "Weak Dram, LCD, Prices Likely, Hurt Samsung Elec's 1Q Net," *Dow Jones International News*, April 12, 2005.
10. 摘自作者于 2006 年 1 月 17 日对 Stefan Rinck 的采访。
11. "Debut of Kenmore pro Line" April 21, 2006, http://www.newswirel.net/NW2006/A_WEB_MO/WEBken/.
12. "Singin' the Blus—Standards Wars, " *Economist*, November 5, 2005.
13. 摘自作者于 2006 年 5 月 21 日对 Ake Wennberg 的采访。
14. 摘自作者于 2006 年 1 月 21 日对 Peter Ottenbruch 的采访。

第四章

1. 摘自作者于 2006 年 1 月 19 日对 Martin Ertl 的采访。

注释

2. "Ideal Employer Rankings—Top 50: Engineering & Science," *Universum Graduate Survey*, 2005.

3. "Intel Manufacturing Frequently Asked Questions," http://www.intel.com/pressroom/kits/manufacturing/manufacturing_qa.htm#1.

4. ECCO, "ECCO Sko A/S Has Opened Its First Factory in China," news release April 18, 2005; and "Footwear/Ecco Seek Wider Market: B200m Step in a New Direc-tion", *Bangkok Post*, November 7, 2005.

5. Adrian Baschnonga, "Nokia Anticipates Strong Mobile Growth," *Global Insight Daily Analysis*, December 1, 2005.

6. Roger Cheng, "Nokia says Co. Holds 20% Cost Advantage over Rivals," *Dow Jones New Service*, December 1, 2005.

7. Kasra Ferdows, Michael A Lewis, and Jose A. D. Machuca, "Rapid-Fire Ful-fillment," *Harvard Business Review*, November 2004.

8. Eric Wahlgren, "Fast, Fashionable and Profitable: The Perform-ance of Euro-pean 'Cheap Chic' Chinas H&M and Inditex Is Making Ri-val U.S. Apparel Chains Look Like Wet Rags," *BusinessWeek Online*, March 10, 2005.

9. 摘自作者于 2005 年 6 月 21 日对 Nikos Kardassis 的采访。

10. Mike Hughlett, "Motorola Curbs Chaes for Patents," *Chicago Tribune*, August 21, 2005.

11. 摘自作者于 2005 年 6 月 7 日对 Teruaki Aoki 的采访。

12. Sony Corporation, "Sony Take Home Three Emmy Awards for Technical Achievement," news release, October 17, 2001.

13. "R&D Scorecard Global Top 1,000 Commpanies: U.S Firms Donminate; 86% of Total R&D Comes from Just 6 Countries out of 36," Finfacts Ireland October 24, 2005, http://www.fmfacts.com/ireland-bushinessnews/pubish/article_10003718.shtml.

14. 摘自作者于 2006 年 10 月 17 日对 Steve Luczo 的采访。

15. "Inside Intel," *BusinessWeek*, January 9, 2006.

16. "Polaroid Introduces Its Digital Camera for the Midrange market," *Wall Street Journal*, March 12, 1996.

17. James P. Andrew and Harold L. Sirkin, "Innovating for Cash," *Harvard Business Review*, September 2003.

18. Alex Taylor Ⅲ, "The Brith of the Prius," *Fortune*, February 24, 2006; and David Welch and Lorraine Woellert, "The Eco-Cars," *BusinessWeek*, August 14, 2000.

第五章

1. 摘自作者于 2005 年 6 月 28 日对 Bill Mitchell 的采访。

2. 摘自作者团队于 2004～2005 对 Neil Fiske 的多次采访。

3. 摘自作者于 2006 年 1 月 19 日对 Martin Ertl 的采访。

4. Michael Mecham, "Betting on Suppliers," *Aviation Week*, October 27, 2003.

5. Michael Mecham, "Boeing bets on Long Haul," *Aviation Week*, December 22, 2003.

6. Geoffrey Thomas, "Cruising at the Speed of Money," *Air Transport World*, April 1, 2003.

7. Mecham, "Betting on Suppliers."

8. David Bowermaster, "'Hearvies' Help Carry 787" *Seattle Times*, May 2, 2005.

9. Daniel Michaels and J. Lyun Lunsford, "Planes Trained by Automobiles," *Wall Street Journal Europe*, April 1, 2005.

10. Bowermaster, "Heavies' Help Carry 787"

11. J. Lyun Lunsford Daniel Michaels, Neil King, and Scott Miller, "New Friction Puts Airbus, Boeing on Course for Fresh Trade Battle," *Wall Street Journal*, June 1, 2004.

注释

12. Roger Parloff, "Not Exactly Counterfeit," *Fortune*, May 1, 2006.

13. 摘自作者对 Mitchell 的采访。

14. 摘自作者于 2005 年 10 月 27 日对 Todd Starr 的采访。

15. 摘自作者于 2003 年 2 月 6 日对 Tom Arent 的采访。

16. "Event Brief of Q4 2002 Whirlpool Corporation Earnings Conference Call," CCBN and FOCH e-Media, February 5, 2003.

17. 摘自作者对 Starr 的采访。

18. "Event Brief oh Q4 2002 Whirlpool Corporation Earnings Conference Call," CBN and FOCH e-Media. February 5, 2003.

19. 摘自作者对 Starr 的采访。

20. "Sony Begins to Bear Fruit at Ericsson Venture," *Nikkei Report*, October 20, 2003.

21. E-mail from Gerald P. Cavanagh, Sony Corporation, June 28, 2006.

22. 摘自作者于 2005 年 3 月 15 日对 Ad Huijser 的采访。

23. Judith Crown and Glenn Coleman, "The Fall of Schwinn," *Crain's Chicago Business*, October 4, 1993.

第六章

1. Nicholas Varchaver, "A Hot Stock's Dirty Secret," *Fortune*, July 9, 2001.

2. Don Clark, "Rambus, infmeon Reach Settlement," *Wall Street Journal*, March 22, 2005.

3. Jamie Huckbody, "Pierre Cardin, He's Everywhere," http://www.theage.com.au/articles/2003/08/01/1059480531338.html.

4. 2006 年 7 月 31 日 Michael Maloney 发给作者的邮件。

5. Pamela Hawkins Williams, Dotcy Isom 3, and Tiffmi D. Smith-Peaches, "A Profrle of Doldy Laboratories: An Effective Model for Le-

veraging Intellectual Property," http://www.law.northwestern.edu/journals/njtip/v2/n1/1/.

6. 摘自作者于2006年1月17日对Siegfried Dais的采访。

7. "Reorganizing to Innovate: Procter & Gamble's Jeff Weedman," Yet2.com, http://www.yet2.com/app/insight/insight/20000917_weedman.

8. 摘自作者于2005年11月2日对Jeff Weedman的采访。

9. 摘自作者于2005年5月12日对Jim O'Connor的采访。

10. 摘自作者于2005年3月15日对Ad Huijser的采访。

11. 摘自作者于2006年1月31日对Andreas Gutsch的采访。

12. James Aley and Ann Harrington, "Heads We Win, Tails We Win," *Fortune*, March 3, 2003.

13. Quentin Hardy, "QUALCOMM Aims for Bigger Payoffs in Wireless," *Wall Street Journal*, January 21, 1999.

14. Dave Mock, "The Early Days of Cellular CDMA: Excerpts from a Discussion with Irwin Mark Jacobs, CEO of QUALCOMM," *The QUALCOMM Equation*, October 20, 2003, http://www.thequalcommequation.com/interview2.shtml.

15. 同上。

16. Steven Brull and Willian Echikson, "QUALCOMM: From Wireless to Phone-less," *BusinessWeek*, December 6, 1999.

17. Aley and Harrington, "Heads We Win, Tails We Win."

18. Brull and Echikson, "QUALCOMM."

19. Hardy, "QUALCOMM Aims for Bigger Payoffs in Wireless."

20. Brull and Echikson, "QUALCOMM."

21. "The Arms Race" *Economist*, October 22, 2005.

22. 同上。

23. 同上。

注释

第七章

1. "Citigroup Reshuffles Top Management Ranks" *Reuters News*, July 25, 2000.

2. 摘自作者团队于2003年9月22日对Claus Friis的采访。

3. 摘自作者于2005年10月27日对Bartolomeu Sapiensa的采访。

4. 摘自作者于2005年11月11日对Elcio Pereira的采访。

5. 摘自作者团队对Friis的采访。

6. 摘自作者对Sapiensa;Pereira的采访。

7. 同上。

8. 同上。

9. 同上。

10. 同上。

11. 摘自作者团队对Friis的采访。

12. 摘自作者团队对Pereira的采访。

13. 同上。

14. 同上。

15. 摘自作者于2005年5月12日对Jim O'Connor的采访。

16. 摘自作者于2006年7月10日对Don-Seok Choi的采访。

17. 摘自作者于2006年1月16日对Jean-Louis Ricaud的采访。

18. 摘自作者于2006年1月17日对Siegfried Dais的采访。

19. John Markoff, "In Race to Develop Blue Lasers, Japanese Star Surges Ahead," *New York Times*, January 19, 1999.

20. Yoshiko Hara, "Bright Blue LED Could Enable Color Displays," *Electronic Engineering Times*, March 21, 1994; and "Interview: Blue LED Inventor Looks to Rev- olutionize Lighting," *Nikkei Report*, July 31, 2002.

21. 摘自作者于2005年6月7日对Teruaki Aoki的采访。

22. Karim R. Lakhani, Lars Bo Jeppesen, Peter A. Lohse, and Jill A. Panetta, "Solving Scientific Problems by Broadcasting Them to Diverse Solvers," working paper 10, Harvard Business School, Boston.

23. Ervin Schrodinger, *What Is Life? The Physical Aspect of the Living Cell* (Cambridge, UK: Cambridge University Press, 1951.)

24. 摘自作者对 Dais 的采访。

25. 摘自作者对 Choi 的采访。

26. 摘自作者于 2006 年 1 月 11 日对 Young-Ha Lee 的采访。

27. "The Awakeening of Qualia" http://en.wikipedia.org/wiki/User:Vuara/The_Awakening_of_Qualia.

28. 摘自作者于 2005 年 6 月 8 日对 Makoto Kogure 的采访。

29. 摘自作者于 2006 年 1 月 17 日对 Karl Weedman 的采访。

30. 摘自作者于 2005 年 11 月 2 日对 Jeff Weedman 的采访。

31. For more on metrics, see Boston Consulting Group, *Measuring Innovation 2006 Senior Management Survey*, 2006.

32. 摘自作者于 2006 年 3 月 14 日对 Clus Weyrich 的采访。

33. 摘自作者于 2006 年 1 月 10 日对 Doh-Seok Choi 的采访。

34. 摘自作者于 2005 年 3 月 15 日对 Ad Huijser 的采访。

35. 摘自作者于 2006 年 1 月 19 日对 Martin Ertl 的采访。

第八章

1. 摘自作者于 2006 年 3 月 7 日对 Larry Culp 的采访。

2. 同上。

3. 摘自作者于 2005 年 10 月 17 日对 Steve Luczo 的采访。

4. 摘自作者于 2006 年 1 月 17 日对 Hoger Schmidt 的采访。

5. 摘自作者于 2006 年 1 月 10 日对 Doh-Seok Choi 的采访。

6. 摘自作者于 2006 年 3 月 14 日对 Claus Weyrich 的采访。

7. 摘自作者于 2005 年 9 月 20 日对 Tom Buckleitner 的采访。

注释

8. 摘自作者于 2006 年 1 月 17 日对 Didier Roux 的采访。
9. 摘自作者于 2005 年 6 月 28 日对 Bill Mitchell 的采访。
10. 摘自作者于 2006 年 3 月 14 日对 Weyrich 的采访。
11. 摘自作者于 2006 年 2 月 3 日对 Kim Winser 的采访。
12. 摘自作者于 2005 年 7 月 8 日对 Mike Snyder 的采访。
13. 摘自作者于 2006 年 1 月 31 日对 Andreas Gutsch 的采访。
14. 摘自作者于 2005 年 6 月 7 日对 Teruaki Aoki 的采访。
15. 摘自作者于 2005 年 6 月 8 日对 Makoto Kogure 的采访。
16. 摘自作者于 2006 年 1 月 16 日对 Yves Dubreil 的采访。
17. 摘自作者对 Snyder 的采访。
18. 摘自作者于 2006 年 1 月 13 日对 Young-Soo Song 的采访。
19. 摘自作者于 2005 年 6 月 13 日对 Pattye Moore 的采访。
20. 摘自作者于 2006 年 1 月 21 日对 Peter Ottenbruch 的采访。
21. 摘自作者对 Dubreil 的采访。

作 者 简 介

詹姆斯·P.安德鲁（James P. Andrew）是波士顿咨询公司高级副总裁和董事，是该公司环球创新实践的负责人。他和世界上领先企业的员工在多领域共同工作，帮助很多企业提高了发展创新战略、调整组织以加强文化和创新能力、创建突破性创新商业模式、重新设计新产品研发过程、提升研发管理的能力、优化产品组合和设计了创新衡量系统。

詹姆斯·P.安德鲁的理论已经被很多家先进的环球出版商出版。他负责了波士顿公司环球高级经理创新方面的调查（与《商业周刊》合作进行），并且是《哈佛商业评论》杂志的"为现金而创新"（Innovating for Cash）一文的第一作者。

詹姆斯于1986年加入波士顿咨询公司，建立并领导过孟买和新加坡办事处的工作，他现在在芝加哥办事处工作。他以优异的成绩从哈佛商学院毕业，并获得了MBA学位。

哈罗德·L.西尔金（Harold L. Sirkin）是波士顿咨询公司芝加哥办事处的高级副总裁和主管。他负责了公司环球运营实践项目。在他的领导下，公司成为在创新和全球化这两个对利润增长至关重要的领域有一定研究的领先企业。他现在负责波士顿公司极为成功的电子商务和IT实践项目。

哈罗德·L.西尔金同时帮助世界上的领先企业提升其创新回报、运

作者简介

营效率、环球竞争力和IT技术战略化的能力。他的专业知识横跨许多工业、主题和地理范围。他是众所周知的杰出的思考者,他的言论被世界上很多出版物所引用,他还是《商业周刊》在线读物季度专栏的作者。他的很多文章在商业杂志上发表,其中几篇发表在《哈佛商业评论》上。

他在波士顿公司效力了25年。获得了芝加哥大学MBA学位,并且获得了沃顿商学院具有最高荣誉的学士学位,他同时也是一名注册会计师。

译　后　记

创新是当今世界共同的主题,也是公司发展的动力源泉。基于此,世界上几乎所有的管理学者都呼吁创新,每一家公司都在进行创新,创新理论层出不穷,但是真正能获取创新回报的企业却很少,许多公司在进行了大量创新投入后收效甚微,甚至取得了相反的效果。在阅读本书之前,我们在这方面也感到迷惑,但是当翻译完本书以后,我们感到眼前豁然一亮,对创新的看法竟然有了很大的改变。我们相信本书对于那些缺失创新管理的方法以及获取创新收益途径的公司大有裨益。在这本书的翻译过程中我们得到了很多人的帮助,首先要感谢的是商务印书馆的王艺博先生,他在本书付梓的过程中做出了很大的努力,并提供了很大的帮助,我们同时还要感谢辛旭兴、王满、王宽福、韩佩玲、王敏等朋友在本书出版过程中给予的帮助。由于我们学识上的不足,不足之处在所难免,希望读者们能够不吝指教,共同进步。

王晓刚

2009 年春于北京